外部搜寻对
技术创新的影响研究

杨慧军◎著

LANZHOU UNIVERSITY PRESS

图书在版编目（C I P）数据

外部搜寻对技术创新的影响研究 / 杨慧军著. -- 兰州 : 兰州大学出版社, 2023.12
ISBN 978-7-311-06588-1

Ⅰ. ①外… Ⅱ. ①杨… Ⅲ. ①制造工业－研究－中国 Ⅳ. ①F426.4

中国国家版本馆CIP数据核字(2023)第228219号

责任编辑 马媛聪
封面设计 琥珀视觉

书　　名 外部搜寻对技术创新的影响研究
作　　者 杨慧军 著
出版发行 兰州大学出版社 (地址:兰州市天水南路222号 730000)
电　　话 0931-8912613(总编办公室) 0931-8617156(营销中心)
网　　址 http://press.lzu.edu.cn
电子信箱 press@lzu.edu.cn
印　　刷 西安日报社印务中心
开　　本 710 mm×1020 mm 1/16
印　　张 12.5
字　　数 209千
版　　次 2023年12月第1版
印　　次 2023年12月第1次印刷
书　　号 ISBN 978-7-311-06588-1
定　　价 37.00元

前　言

分布式创新的兴起和发展引起了学术界在跨组织边界搜寻、联盟构建、合作研发等多个领域的持续性热潮，随着相关研究在学术界的开展，分布式创新的概念内涵、运作机理、实现过程和管理方式等不断被揭示和发展。与此同时，实务界对分布式创新重要性的认识也日益加深，许多企业通过跨边界的形式完成了资源、技术、人才等要素的分布式实现，从而优化了资源配置方式，提升了创新效率。通过相关理论和文献的回顾可以发现，现有的分布式创新研究成果已相对丰富，但仍存在一些不足之处，如重视分布式创新个别案例现象的阐述而忽视其内部运作机理，重视外部资源而忽视外部搜寻的价值，重视知识转移而忽略产权形式的建立，重视大样本研究而忽视中小样本研究。基于现有研究的不足，本书提出了所要研究的问题，即在分布式创新实现的过程中，企业应当采取何种外部搜寻战略、合作模式，以实现外部知识向企业内部转移，进而实现知识源到创新的有效转化。在理论上，该研究有利于知识基础理论与交易成本理论的有效碰撞(在解释外部搜寻战略与合作模式的耦合关系时)，促进了理论间的交叉融合；在实践上，该研究在搜寻战略制定、合作模式选择以及两者之间的耦合关系等方面给出了建议，帮助指导我国企业具体分布式创新实践。

本书基于分布式创新背景，整合了知识基础理论和交易成本理论，研究外部搜寻战略与合作模式的耦合关系如何影响企业产品创新与工艺创新，以及关系嵌入强度和吸收能力作为情景变量的调节效应。基于现有理论与文献的演绎，提出20个基本假设，通过实证方法，以我国283家制造类企业为研究样本，利用验证性因子分析、分层回归分析、Z检验和三项交互分析等方法进行假设验证。结合单个案例研究分析，得出的主要结论包括：宽度搜寻战略有利于产品创新，深度搜寻战略有利于工艺创新；宽度搜寻战略与非股权式合作的耦合关系有利于产品创新，深度搜寻战略与股权式合作的耦合关系有利于工艺创新等。

本书在分布式创新背景下，结合相关理论，识别了企业通过跨边界获取外部知识并转化为创新过程中的重要因素，包括外部搜寻战略、企业间合作模式、关系嵌入强度与吸收能力。一方面，本书通过外部搜寻战略与合作模式的耦合关系的探讨，丰富和拓展了产品创新、工艺创新前因变量研究的组织间视角；另一方面，本书以分布式创新为背景，整合了知识基础理论、交易成本理论、关系嵌入性理论与吸收能力理论，有利于各个理论的交叉发展。与现有研究相比，本书的创新性主要体现在以下几个方面：

第一，引入了外部搜寻战略与合作模式作为前因变量，加强了产品创新、工艺创新前因变量的组织间视角研究。

本书从组织间合作的视角出发，探讨了外部搜寻战略、合作模式对产品创新与工艺创新的影响。一方面，外部搜寻与技术创新之间一直存在线性与非线性的关系争论，本书将技术创新从产品创新、工艺创新两方面展开研究，发现了宽度搜寻战略、深度搜寻战略对产品创新和工艺创新的显著差异化影响，有助于从一个新的视角解释两者之间的“关系争论”；另一方面，以往外部搜寻研究重点关注搜寻对创新的直接影响，忽略了组织间联结的合作机制，本书通过组织间合作模式的引入，探讨外部搜寻与合作模式之间的耦合关系对创新的影响，弥补了合作机制的缺失。基于以上两个方面的贡献，本书加强了产品创新、工艺创新的组织间视角研究。

第二，揭示了外部搜寻战略与合作模式的耦合关系对产品创新、工艺创新的差异化影响，促进了知识基础理论与交易成本理论的融合。

本书将外部搜寻战略与合作模式结合在一起，通过两个不同理论领域的变量结合，将两者整合到了一个研究框架当中。通过外部搜寻战略与合作模式的耦合关系对产品创新、工艺创新影响的探讨，将知识基础理论与交易成本理论相碰撞，在充分考虑知识属性、特征的同时，又考虑了机会主义行为与道德风险带来的交易成本，在一定程度上弥补了长期以来单一理论视角研究下存在的固有缺陷。通过知识基础理论与交易成本理论的碰撞，在一定程度上促进了理论之间的交叉融合与共同发展，有利于从一个更为全面的视角审视外部搜寻与合作模式对企业产品创新、工艺创新带来的影响。

第三，阐明了关系嵌入强度在不同耦合关系下的情景作用，有利于关系嵌入性理论、知识基础理论与交易成本理论的交叉发展。

关系嵌入强度一直以来都是创新理论研究关注的重点，本书在限定了具体的外部搜寻战略与组织间合作模式之后，分四种情景探讨了关系嵌入强度的调节效应，区别于以往关系嵌入强度与创新之间直接关系的研究。一方面，通过对不同情景的讨论，揭示了关系嵌入强度在不同外部搜寻战略与合作模式的耦合关系下的调节效应，使得对结果的讨论更为丰富有趣，同时增强了结论的真实性与可靠性；另一方面，该研究有利于知识基础理论、交易成本理论与关系嵌入性理论之间的交叉发展。

第四，发现了实际吸收能力对产品创新的情景作用，有利于吸收能力理论、知识基础理论与交易成本理论的交叉发展。

吸收能力理论也是创新理论研究不可或缺的一部分，以往研究普遍认可吸收能力对创新的正向促进作用。区别于以往研究，本书分情景讨论了潜在吸收能力、实际吸收能力的调节效应，通过三项交互分析方法，分析了不同的搜寻战略与合作模式的耦合关系在不同的吸收能力调节下对产品创新、工艺创新的作用。一方面，从权变的视角揭示了吸收能力的调节效应，丰富了结论的情景化研究；另一方面，该研究有利于知识基础理论、交易成本理论与吸收能力理论之间的交叉发展。

目 录

第一章
绪　论

一、研究背景

（一）实践背景

随着经济全球化的加深，跨国公司的创新活动也走向了全球化。他们积极地在更大范围内寻求最先进的科学技术和最优秀的科技人才，以降低研发成本和风险。如英特尔开放式创新的方法是在创新过程中应用外部资源；思科的开放式创新策略是内部开发、战略联盟和收购相结合；特斯拉通过开源与企业创新联盟获取创新源；乐高借助分布式共同创造，帮助外部的研发力量缩短开发时间；三星开放创新中心的工作主要为创业加速器（accelerator）和投资。我国已有不少企业也顺应开放式创新这一趋势，他们借鉴跨国公司的开放创新经验，同时也摸索和总结了一套适合自己的技术创新的宝贵经验。如华为、海尔、联想、奇瑞、西飞，它们通过整合全球的优秀创新资源增强自己的核心能力，积累了一定的创新经验，同时在各自的行业领域内形成具有国际竞争力的自主研发水平。可见，开放创新这种新型的创新模式，在我国已经表现出了巨大潜力。

然而，在开放式创新的潮流下，也有许多失败的案例。例如，保洁公司在进入21世纪的第二个十年，随着开放式创新的持续实践，开放式创新开始“过度”，企业对外部资源产生依赖性，由此导致企业内部人力资源和技术经验的匮乏——在开放式创新的政治指挥棒下，所有人为了表现开放式创新而不断引入外部供应商的技术，缺乏自身的技术积累；同时，并不是所有的外部供应商都愿意和宝洁分享最前沿的创新。由此形成恶性循环，内部创新士气低下，当外部的创新源泉萎缩时，企业前进的加速度就丧失了。

在我国，很多企业虽然意识到在全球范围内整合资源的分布式创新的重要性，但他们很多仅仅是为了顺应形势而实施这种创新活动。而且，在中小企业资源、技术、资金等条件受限的情况下，盲目实施开放式创新未必能够给企业带来核心技术能力的提升，寻找一条适合我国广大中小企业自身特点的开放式创新发展道路，是一个关键而迫切的问题。然而，分布式创新相对于开放式创新较为保守，其具有主导性强、成本低、信息冗余度低、创新效率高等特点，是我国广大中小企业实现封闭式创新到开放式创新过渡的一个重要的桥梁。

产品创新与工艺创新一直以来都是支持我国制造业前进与发展的动力，是企业维持自身竞争优势的重要途径，产品创新是一个企业的灵魂，而工艺创新是支撑灵魂的根基所在。企业所拥有的产品创新优势、工艺创新优势永远都是暂时性的，没有产品创新、工艺创新的理念，止步于原有的产品或者工艺，都将被市场所淘汰。企业要想在激烈的市场竞争中获得生存和发展，就必须不断地创新，及时开发新产品和新的生产工艺，更好地满足用户的需求，取得市场有利竞争地位。因此，产品创新、工艺创新是企业生存和发展的内在要求，是市场竞争的客观需要，也是技术进步的必然选择（Smith等，2005）[1]。

然而，创新是一个复杂的系统工程，期间需投入和整合大量的信息、知识和技术等资源，并且随着市场、技术等环境因素的变化，维持创新所需的资源是增量的（Gerstlberger等，2014）[2]。Tether认为，创新所需的资源并非全部存在于企业边界内部，许多关键资源游离于企业边界之外（Tether，2002）[3]。为了获取关键资源，企业需要打破传统的组织边界，与供应商、客户、其他企业、高校、科研院所、中介机构等建立联系，形成创新网络。通过组织自身所需的信息、知识、技术和人才等在这些外部组织中分布式实现，从而有效缩短研发周期，提升企业核心竞争力。这种企业打破组织边界，从边界外部搜寻创新合作伙伴，使得研发知识、技术、人才等资源实现分布式优化配置的创新过程即是分布式创新的过程。目前，企业分布式创新还是一个新兴、前沿的研究领域，在国际化背景下，我国企业将会更多地实施和参与分布式创新，然而相关理论在中国的研究却刚刚起步，可以预见，还有更多有价值的问题值得我们去探索。

在过去较长一段时期里，我国借鉴发达国家的技术发展路线，走引进、消化吸收、再创新的自主创新道路。然而，许多企业只能做到引进国外先进产品、设备和技术，在消化、吸收、再创新上稍显困难，这主要是我国企业技术资源积累普遍薄弱造成的。在一段时期的“以市场换技术”之后，我国企业已经积累了大量的技术资源，并且具备了自主创新的实力。例如，在WIPO等机构于悉尼联合发布的《2014年全球创新指数报告》中，我国排名第29位；在世界经济论坛公布的2014—2015年全球竞争力指数排行榜上，我国排名第28位；在*Fast Company*杂志推出的2015年全球50大最具创造力企业排行榜上，入驻了无人机制造商大疆创新、医疗应用软件开发商杏树林和致力于手机软件开发的卓易讯畅；在福布斯2015年亚洲最具创造力十大公司排行榜上，入驻了百度公司和上海莱士血液制造公司。

在取得这些成就的同时，我们应该看到，我国大多数制造业企业，特别是中小企业的经济发展仍处于较为低迷或者持续收缩的状态。我国大中小制造企业的采购经理指数（PMI）高于50%时，制造业处于经济扩张状态，而低于50%时，制造业处于经济收缩状态。在过去的几年时间里，我国的大型制造业企业处于轻微的经济扩张的状态，而中小型制造业企业持续处于经济收缩的状态。根据中小企业划型标准和第二次经济普查测算，目前我国中小企业占全国企业总数的99%，提供了80%以上的城镇就业岗位，65%的发明专利、75%以上的新产品研发都是由中小企业完成的。2015年5月，由李克强签批、国务院颁布的《中国制造2025》强调，应大力促进中小企业发展，坚持把中小企业创新摆在制造业发展全局的核心位置，努力推动跨领域、跨行业的协同创新。

在下一阶段的技术发展过程中，竞争全球化、科技更替加剧、产品周期缩短等将给传统创新模式带来巨大压力，且随着企业经营活动的国际化、全球化发展以及知识、信息、科技的迅猛发展，“地球村”的概念将越来越清晰，传统制造业依靠自身资源的封闭式创新将面临着新的挑战。在这种环境下，能否有效利用全球的资源，有效提升自身的创新实力，将成为企业能否构建核心竞争力的关键因素。因此，企业传统的封闭式运营、创新方式已经不再适应时代的发展，而应该更多地利用企业边界外部资源，通过外部资源的合理配置实现自身创新能力的提升。我国制造类企业特别是中小型制造企业，必须以宏观政策为指导，依靠一切可以依靠的力量，与政府、金融机构、高校、科研院所、中介机构一起在创新活动中分工协作与有机结合，以有效提升创新效率与创新质量，并构建企业核心竞争力。在这样的大背景之下，许多主导企业着力开展一项新战略——外部搜寻战略，即根据企业自身所需的信息、知识、技术、人才等创新资源，在政府、金融机构、高校、科研院所以及其他中介机构之间分布实现。分布式创新通过构建开放式、高效率的创新协作机制，打破传统封闭低效的创新模式，跨企业边界搜寻异质化知识，实现研发资源的优化配置，最终实现竞争力的提升。

通过分布式创新网络，能够促进知识、信息的扩散和分享，缩短研发周期，提高研发效率，降低研发成本和风险，并有效提升市场竞争力（闫俊周，2013）[4]。在经济全球化背景下，各国企业尤其是跨国企业，都在积极寻求如何在世界范围内实现研发资源的合理配置，力求在最大范围内利用先进的技术和优秀的人才，探索一条结构合理、布局科学的分布式协同创新路径（陈恒，2014）[5]。目前，分布式创新网络已经被许多企业广泛采用，以苹果公司为例，它并没有像其他跨国公司那样通过在东道国建立子公司进行生产，而是在全球范围内寻找工厂代工，利用各个供应商交付的产品组件完成集成组装，迅速地推出了iPhone、iPad、iWatch等产品，通过产品、工艺和服务的集成，缩短了研发周期，提升了创新成功率。在我国，华为公司现与摩托罗拉、AGERE、微软、NEC等一流技术企业建立了联合实验室，并通过与40多个国家的研发机构、子公司等建立分布式创新网络，通过明确的分工实现优势互补，其中，WCDMA技术正是通过这一方式克服了一个个难关。

在时机上，知识传播和扩散速度的加快也为分布式创新提供了契机。随着信息化时代的到来，知识传播和扩散的速度日益加快、科研学者的交流日益增多、企业集体学习活动更普遍等因素促进了技术知识溢出效益的增强。知识传播和扩散加快的另一个主要原因是人员流动加快，特别是技术人员的流动，人员在群体之间流动时，会将原有的知识、经验等注入新的群体，从而促进知识信息的流动（张尚毅，2014）[6]。在这种背景下，传统的科研院所、跨国公司等的技术垄断局面能够轻易被市场打破，不对称优势逐渐被瓦解，从而导致技术知识在全社会各个节点中广泛分布。谁能够实现知识、资源的整合利用，谁就能够快速将产品推向市场，优先掌握市场竞争的主动权。拥有庞大的创新资源和技术能力的财富500强企业很少有哪个能主导技术发展的方向，因此财富500强的高层管理者总是强调他们成功的基础是努力将创新变为现实。通过分布式创新的方式，寻找和发现分布在社会各个节点中的知识资源，并通过与知识主体以产权的形式进行合作，实现外部知识与内部知识的整合与利用，成为未来企业创新发展的重要方向。

（二）理论背景

1.技术创新基础理论

"创新"一词最早出现在熊彼特（Joseph.A. Schumpeter）1912年的著作《经济发展理论》中，它是"生产要素和生产条件的一种从未有过的新组合"，是获得"超额利润"的过程[7]。从宏观上讲，技术创新是一种经济概念和经济发展观；从微观层次上讲，则是指创新技术在企业中的应用。有效的技术创新可以提升企业的经营绩效，改善企业运营机制并提高企业整体竞争力，它涉及创新的构思产生、研究开发、技术管理与组织、市场营销等一系列活动，具有复杂性、不确定性、高投入性和高回报性等特征[8]。创新的概念此后经过国内外学者的不断补充和完善，逐渐发展成为技术创新理论。

关于技术创新的界定，由于研究关注焦点的不同，学者们提出了各自不同的见解。Mueser（1985）[9]认为技术创新是以构思新颖性和成功实现为特征的有意义的非连续性事件。Freeman（1987）[10]认为技术创新是一个包含技术、工艺和商业化的全过程，主要表现为新产品的市场化和新技术工艺设备的商业化应用。我国学者傅家骥（1998）[11]认为技术创新是技术变为商品并在市场上销售以实现其价值，从而获得经济效益的过程和行为。柳卸林（1993）[12]认为技术创新是一种将新的产品、新的工艺引入市场并因此创造利润的活动，它是一种企业活动。中共中央、国务院在《关于加强技术创新，发展高科技，实现产业化的决定》中指出：技术创新是指企业应用创新的知识和新技术、新工艺，采用新的生产方式和经营管理模式，提高产品质量，开辟生产新的产品，提供新的服务，占据市场并实现市场价值。从以往学者对技术创新的定义来看，技术创新的范畴是相当广泛的，各个学者在研究的过程中又根据不同情景对其进行了改进和完善，因此技术创新的概念也随着相关研究理论的发展在逻辑上发生不断的调整和完善。

产品创新和工艺创新是众多技术创新研究当中颇受关注的一组划分方式，按照熊彼特1912年的著作《经济发展理论》中对两者的定义：产品创新，即引入新的产品或提供产品新的性能；工艺创新，即采用新的生产技术方法[7]。后来经过不断发展形成了较为完善的定义：产品创新是指在市场上引入新颖的产品，通过为客户提供新的产品特征从而创造价值；工艺创新是指产品生产技术的变革，它包括新工艺、新设备和新的组织管理方式，通过降低产品生产的边际成本来为公司创造价值（Cohen和Klepper，1996[13]；Gopalakrishnan和Damanpour，1997[14]；Langley等，2005[15]）。产品创新以市场为驱动，为了市场上客户的需求而引进新产品或服务，新的产品或服务与旧的产品或服务有显著的差异，能够带给市场客户不同的价值体验；而工艺创新则以效率为驱动，引入新材料、新设备、新的制作和管理方法等，主要通过提高生产或管理效率，间接为企业创造价值（Ettile和Reaz，1992）[16]。从所需知识属性的视角来看，产品创新相比工艺创新需要更多新颖、显性、多样的知识，而工艺创新相比产品创新而言需要更为隐性、系统和复杂的知识（Chesbrough，2006）[17]。

企业实施产品创新、工艺创新的动机是技术创新理论研究中长期争论的热点问题。以往学者从不同的视角对其进行了探讨，其中代表性的驱动力主要包括利润驱动、技术推动、需求拉动、竞争压力、政策导向、企业家精神等。其中，利润驱动是熊彼特创新思想的重要假设，产品创新和工艺创新都能够影响边际价格-成本，从而影响企业绩效（Cohen和Klepper，1996[13]；Lin和Saggi，2002[18]），企业之所以实施创新，与其追逐利润的目的是分不开的。技术推动力说强调科学研究与发明是技术创新产生的根本动力，是技术发明应用到企业实践并实现市场化的商业过程，当科学与发明成果应用到企业实践当中时，很多时候表现为企业产品创新、工艺创新能力的提升。需求拉动说强调客户需求的不断提升是技术创新实施的一大原因，没有市场的技术创新在实施商业化的进程中往往是难以成功的，实施产品创新与工艺创新的企业往往能够更好地迎合市场客户的需求。竞争压力说强调技术创新的实施往往带来垄断地位和溢出效益，实施产品与工艺创新是企业提升核心竞争力的重要手段。政策导向说强调在市场动力不足或者失效的前提下，政策导向能够有效刺激该企业来参与技术创新活动，通过政策激励，促进企业实施具有战略导向性质的产品创新与工艺创新。企业家精神说强调企业家是企业实施创新的内在动力，企业家追求卓越的精神和对利润的追求是企业开展技术创新活动的又一大原因，在敢于冒险和尝试的企业内部，产品创新与工艺创新更加容易产生。

创新过程理论认为，在技术创新实施期间，产品创新与工艺创新的动态过程存在着一定的规律。其中，最著名的当数Utterback和Abernathy（1975）[19]提出的技术创新动态理论模型（即A–U模型）。它包括了产品的思路产生、引进、增长、成熟和衰退过程，随后，Forrester（1977）[20]认识到了产品生命周期理论的战略作用，认为产品生命周期变成了发展产品创新、工艺创新战略的重要参考指标和工具。工艺创新往往伴随着产品创新而产生，两者之间并非独立存在，而是相互依存的，即产品生命周期的开展促进了工艺生命周期的开展。产品创新与工艺创新之间的关系是错综复杂的，两者单独对企业绩效的直接促进效果并不明显，而两者的共同作用能够更好地促进绩效的提升（Kotabe和Murray，1990）[21]。

随着技术创新研究的多元化发展以及技术创新理论的日趋完善和成熟，企业产品与工艺创新正在逐渐走向开放性和网络化研究。首先，Chesbrough（2006）[17]提出的开放式创新理论中，开放性要求企业创新摆脱依赖自身资源实施的封闭式创新的方式，通过跨组织边界合作的形式从组织外部寻找创新资源，实现企业外部知识获取、知识转移、知识整合和知识创造，从而有效提升企业创新效率和成功率，实现社会资源的优化配置；其次，在经济全球化、网络化、管制放松的全球经济环境下，Imai和Baba（1989）[22]提出创新网络是企业系统性创新的一种基本制度安排，网络化要求企业构建自身的技术创新网络，包括供应商、客户、高校、科研院所、中介机构等，通过形成创新网络和知识共享，实现企业创新知识库的增量，从而有效降低技术创新成本，加快新产品或者新工艺的研发速度。

2.技术创新模式发展

经历了20世纪50年代到60年代中期的第一代技术推动模式，20世纪60年代末到70年代初的第二代需求拉动模式，20世纪70年代中期到80年代早期的第三代交互模式或者联结模式，20世纪80年代中期到90年代的第四代综合模式，最后演变为如今的第五代系统综合和网络模式（Rothwell，1994）[23]。第五代创新模式是分布式创新的雏形，已在学术界和实务界受到了广泛的关注。然而，由于受到研究方法和工具的制约，分布式创新理论仍处于初期摸索阶段，且许多关键的问题仍未被揭晓。目前学者们普遍认可的是，分布式创新是由一家企业主导，跨组织边界搜寻合作伙伴，建立关系，实现知识、信息、技术、人才等资源的优势互补，使得创新成果在其他企业、高校、科研院所、中介机构、用户之间分布式实现的创新方式。

分布式创新理论比实践更晚出现，直到20世纪90年代初，随着全球化进一步加深，以及知识经济的兴起，这一现象才受到学者们的关注，而且研究分布式创新的学者呈逐年增加的趋势。自分布式创新概念提出之后，学者们采用多样化的方法，如通过计量方法、案例研究、调查问卷、访谈等方法对分布式创新进行具有了一定理论和实践意义的研究。目前，分布式创新仍属于一个新兴的、前沿的研究领域。随着全球经济日益一体化，开放网络下的企业合作越来越紧密，从更广的范围内获取技术、知识资源，从而为企业带来持续竞争优势。在创新理论研究过程中，学者们结合大量的分布式创新现实问题，思考企业如何通过分布式创新在全球范围内获取技术知识，从而获取竞争优势。相关研究包括：分布式创新的制约因素研究（Kelly，2006[24]；Lakhani等，2007[25]）、分布式创新的合作模式研究（Coombs和Metcakfe，2002[26]；Consoli和Paofo，2007[27]；Von Hippel，2005[28]；Yoo等，2008[29]；Lakhani等，2007[25]）、分布式创新的过程机理研究（McMeekin等，2002[30]；Coombs等，2003[31]；Howells等，2003[32]；Valentin等，2003[33]；Acha等，2005[34]；Andersen等，2000[35]；Consoli等，2007[27]；Von Hippel，2005[28]；刘国新，2011[36]；金鑫，2009[37]）、分布式创新管理研究（Coombs等，2002[26]；Jeremy Howells等，2003[32]）、分布式创新知识研究（Kelly，

2006[24]；金鑫，2009[37]）和分布式创新理论兼容性等问题的研究（Andersen等，2000[35]；Kelly，2006[24]；Hildrum，2005等[38]）。

一方面，现有研究对分布式创新的概念内涵和理论基础的认识上还未达成统一，到底如何认识分布式创新这种现象，或者分布式创新的含义是什么，现有学者从多个角度给出了自己的解释。如一些学者强调分布式创新地理位置的分散，还有一些学者比较认同从组织间合作、地理位置特点、组织网络等角度对分布式创新的定义。Coombs（2002）[26]强调组织间的合作，并认为企业为了快速获得商机而与其他公司合作创新，从中学习、交换知识，这种组织间的合作创新就是分布式创新。Coombs和Metcalfe（2003）[31]进一步从分布式创新的地理位置特征上给出定义，认为创新所需要的技术及能力分散在一系列企业和其他知识创造机构之间，即在地理上分散的员工成功地分布式实现创意、任务及流程。O'Sullivan（2003）[39]从网络组织的视角出发，认为分布式创新是遍及或贯穿组织供应链，甚至特定联盟中的一个特殊内部网络上的创新，并指出这样的分布式创新可以表现为各种各样的合作创新、项目创新及单独创新。Chesbrough（2006）[17]认为分布式创新是跨企业边界寻求合作伙伴并完成创新的过程。刘国新（2011）[36]强调分布式创新过程中的主导性公司的地位，认为分布式创新是由一家主导企业发起的（Valentin等，2003[33]；Brusoni等，2001[40]；许庆瑞，2007[41]；刘国新，2011[36]）。Bogers和West（2012）[42]认为分布式创新包括了开放式创新与用户创新两部分。陈恒等（2014）[5]在以往定义的基础上，认为分布式创新是以跨区域、跨时间分布的，以项目团队为载体的，基于分布式结构分配、分布式认知提升和分布式协同支撑的，以知识、信息共享为纽带联结不同组织、区域的项目团队成员运用现代信息技术合作完成特定任务的创新活动。

另一方面，分布式创新研究的理论基础也呈现出多样化发展，学者们尝试从各自视角对分布式创新进行理论探索，融合了知识基础理论（Kelly，2006[24]；Bengio等，2006[43]）、交易费用理论（郑金娥，2005[44]）、资源依赖理论（Mohanbir和Emauela，2000[45]；Stuart，2000[46]）和企业演化理论（Lakhani等，2007[25]；Jiménez-Zarco等，2011[47]）等。分布式创新的理论基础主要包括以下几个方面：

(1)知识基础理论(Knowledge-based Theory)

在知识经济中，分布式创新能够通过一定途径有效地整合多个企业的专有知识（Kelly，2006[24]；Bengio等，2006[43]；黄国群和李佩璘，2008[48]），这一途径便是创新主体在自身知识、技术基础上进行的知识的学习、整合、筛选、衡量、创造、构建和生产的复杂集成过程，是持续的认知与实践的耦合过程（陈劲等，2002[49]；薛孚和陈红兵，2015[50]）。随着信息化经济时代的到来，知识的传播和扩散速度加快，大型公司和科研院所的技术知识垄断局面逐步被打破，技术知识的信息不对称性正在逐步被瓦解，技术知识本身的可分解性是分布式创新得以实现的重要因素（Valentin等，2003[33]；Acha等，2005[34]；叶江峰等，2013[51]）。

(2)交易成本理论(Transaction Cost Theory)

分布式创新在全球范围内寻找合作伙伴，与优秀的人才、先进的工艺设计单位、高效率的生产单位建立合作关系，实现了研发资源最大范围的优化配置（Kelly，2006[24]；Mittra，2007[52]；许庆瑞，2007[41]；刘国新，2011[36]），通过分布式创新的实施，能够有效降低交易成本（郑金娥，2005）[44]。另外，分布式创新并非全部通过市场作用配置自身所需的创新能力与服务，也不是单纯地依靠企业兼并来实现创新，而是通过企业间的协作来实现，这对传统交易成本理论推崇的通过市场和科层制来实现企业资源配置形成了补充（黄国群和李佩璘，2008）[48]。

(3)资源依赖理论(Resrouce Dependence Theory)

企业持续性创新需要多方面的资源，自给自足式的创新方式已经无法满足创新所需的资源，企业需要从外部搜寻资源，弥补创新资源的不足。创新所需要的技术、能力等不完全在组织边界内部分布，而是在一系列的企业或者其他机构之间分布（Coombs和Metcalfe，2002）[26]，企业可以通过分布式创新在全球范围内配置其资源，实现更大范围内的优势资源互补，为企业带来竞争优势（Mohanbir和Emauela，2000[45]；Stuart，2000[46]）。

(4)企业演化理论(Enterprise Evolution Theory)

企业基于现有的惯例和资产，使其技术能力范围受到限制（Andersen等，2000[35]；McMeekin等，2002[30]；Ragatz等，2002[53]；Lakhani等，2007[25]；Jiménez-Zarco等，2011[47]），随着通信技术和交通物流技术的发

展，能够在更广的范围内搜寻资源，通过搜寻，企业可以弥补自身缺陷或者模仿优秀企业的管理方式，从而完成自我的更新与发展，或者说是企业进化（Kogut等，1996[54]；Rich，2004；Kelly，2006[55]）。

总体来看，分布式创新的相关研究仍处于初始摸索阶段，学者们从知识经济、社会学、全球化、创新外包、国家创新体系等角度对分布式创展开的一系列的研究，构成了现有研究的理论基础。普遍认可的是，分布式创新是继第五代系统综合和网络模式之后的新兴创新模式，是一种顺应时代变化而产生的高效率的创新模式，也是未来企业创新模式的发展方向。

3.当前研究的不足

现有研究在分布式创新的概念、影响要素、组织形式等方面的研究都已开展，相关理论正在迅速发展。然而，现有研究也存在一些问题和不足：

(1)重视对个别现象的阐述和案例分析,忽视现象背后的普遍规律

随着分布式创新研究的兴起，学者们试图通过理论、案例对分布式创新的内部作用机制进行探索，然而，这些研究仅停留在对现象、理论、案例的探讨层面，缺少对分布式创新的系统研究，没能形成系统的分布式创新理论，致使读者经常将其与开放式创新、合作创新等概念区分不清（Coombs等，2003）[31]。在后续研究中，分布式创新的内部作用机制有待深入研究，包括：①分布式创新组织间关系构建、合作方式的研究；②知识源向创新转化的过程研究；③企业间双边关系嵌入性在分布式创新团队中的演化过程研究；④企业的认知、学习、吸收能力对分布式创新绩效提升的驱动作用研究等。

(2)重视外部资源,忽视外部搜寻的价值

分布式创新通过跨企业边界实现资源优势互补的方式能够较好地缩短复杂产品或者工艺的研发周期，然而大多数研究忽视了资源的搜寻过程（Leiponen和Helfat，2010）[56]。外部搜寻作为分布式创新从组织外部寻找知识源的重要途径，它能够帮助企业识别广泛分布在社会各个节点的关键知识，对外部知识的获取起着关键作用。

目前研究表明，外部搜寻在新产品开发过程中有重要价值，搜寻的强度越大，越有可能帮助组织获取更多新的信息，增加新产品研发的知识可用量（Knudsen和Levinthal，2007）[57]，以及有效提升企业的战略决策能力和创新

能力（Katila等，2012）[58]。然而，现有搜寻与创新关系的相关文献在搜寻的论断上存在一些研究争议：其中有“倒U形”关系假说（如Laursen和Salter，2006[59]；Katila和Ahujia，2002[60]；Wu，2013[61]）和线性关系假说（如邬爱其和李生校，2012[62]；宋晶等，2011[63]；Leiponen和Helfat，2010[56]）。企业外部搜寻理论仍处于理论的迅速发展时期，且在许多论断上未达成一致，在企业分布式创新的实施过程中，外部搜寻如何作用于企业创新，仍需要后续研究的进一步解释。

（3）重视知识转移，忽视产权组织形式的建立

在分布式创新的过程中，由于外部搜寻的知识具有默会性与嵌入性，主导企业很难吸收和利用这种知识，在这种背景下，主导企业需要同重要知识持有者建立合作关系，产权组织形式的建立能够帮助企业更好地实现知识转移。

主要的产权组织形式包括股权式合作、非股权式合作以及基于双方信任的互惠性关系（叶江峰等，2013）[50]。通过合作关系的建立，提升重要知识持有者的知识分享意愿，从而实现资源优势互补和风险共同承担，加快知识创造过程，缩短研发周期（曹兴和郭然，2008）[64]。在以往分布式创新的研究中，关于组织之间产权组织形式与创新之间关系的研究仍相对稀缺。企业构建何种产权组织形式，从而更好地促进知识的转移以及创新能力的提升，仍是未来研究中一个有待解决的问题。

（4）重视大企业样本，忽视中小企业样本

目前的实证研究大多以发达国家的一些跨国公司和大企业为样本（McMeekin等，2002[30]；Coombs等，2002[26]；Valentin等，2003[33]；Acha等，2005[34]；Andersen，2000[35]；Consoli等，2007[27]；Coombs等，2003[31]），缺乏以中小企业为样本的研究，尤其是以发展中国家中小企业为样本的研究。目前，我国有少数学者（许庆瑞，2007[41]；金鑫，2009[37]；刘国新，2011[36]；陈劲等，2002[49]；闫俊周，2013[4]）开始对分布式创新展开研究，但仍以质性分析为主，缺乏中小企业样本的研究，特别是大样本的量化分析。

（5）研究结论上存在不一致现象

目前研究表明，外部知识搜寻在新产品开发过程中有重要价值，搜寻的强度越大，越有可能帮助组织获取更多的新的信息，增加新产品研发的知识

可用量，以及有效提升企业的战略决策能力和创新能力。然而，现有知识搜寻与创新的相关文献尚存在一些研究不足：首先，现有研究大多还停留在搜寻与创新直接效应的理论演绎和推导阶段，定量研究相对较少且结论上存在诸多差异，如以英国、日本企业为样本的实证研究发现，搜寻与创新绩效之间呈“倒U形”关系，而以中国、芬兰企业为样本的实证研究却表明，搜寻与产品创新之间是线性的正相关关系，并不存在边际效益递减的现象。其次，在探讨知识搜寻与创新关系的时候，对组织间的内部连接元素研究不足，未充分强调组织间关系的纽带作用，单一关注搜寻对创新绩效的直接效应而忽略了知识获取过程中的联结机制。最后，吸收能力作为将搜寻的外部知识可用量转换为内部知识存量的关键要素，能够有效加强搜寻战略与创新绩效之间的作用关系，然而现有研究的数据支持薄弱，实证研究相对缺乏，更是缺少不同类型吸收能力的对比研究。

综上所述，学者们在以往国内外技术创新理论研究基础之上不断传承、补充和拓展，形成了丰富的理论体系，但是尚存在一些不足之处有待进一步揭示和研究。在未来的研究过程中，一方面，分布式创新相关理论是创新理论发展的一大趋势，有待后续学者们进一步发展和完善；另一方面，通过理论与实证研究相结合，发现其中的一些规律和特征，能够帮助我国企业更好地完成分布式创新管理实践。纵观创新理论研究，经历了从第一代技术推动模式到第二代需求拉动模式，从第三代交互模式再到第四代综合模式，最后演变为第五代系统综合和网络（SIN）模式，以及第六代的开放式创新（Open Innovation）模式。有学者认为分布式创新是开放式创新的过渡模式，“分布式创新”这个概念中的“分布”是相对“封闭”而言的，即它是多个相对封闭的小网络联结而成的更大的网络。相较而言，开放度低的网络有很高的知识重叠性、参与积极性和互动频率性，但是知识的多样化程度比较低；而开放度大的网络具有较好的知识多样性，但是网络中的组织参与积极性和互动频率较低。分布式创新正是介于两者之间，既保持一定的知识多样性，又保持网络中各个组织的参与积极性和互动频率，是封闭创新向开放创新过渡的一种高效创新网络。

根据Zukin和Dimaggio（1990）所提出的结构嵌入性纬度：关系强度、网络密度和网络中心度。首先，分布式创新模式中同时存在强联结和弱联结，其中强联结有利于合作企业之间信任关系的建立和关键核心知识的转移，弱联结能够保证企业获取知识的异质性与多样性。其次，分布式创新模式是一种介于密集与疏散中间状态的网络，从知识角度看，拥有丰富结构洞的疏松网络能够让企业接触到不同的新鲜的知识流，打破密集网络产生的冗余趋势，并使得知识合并重组成为可能。从投资效率角度而言，企业与网络节点的最佳合作关系是“非重复关系”，企业只需要打通主信息渠道，建立起关键网络，缩短信息传递时间，从而提升创新效率。最后，分布式创新的主体企业网络中心度是可调控的，从知识获取来看，处于中心位置的企业能够更快获取丰富的新知识，准确掌握行业技术动态，获取有价值的信息。从资源控制来看，高中心度也就是拥有更高的权力地位，拥有更多接触资源的机会，可通过多渠道比较信息，避免受扭曲和不完全信息的误导。由以上分析可知，分布式创新由于是主导企业发起的，其关系强度、网络密度和网络中心度是可以调节的，主导企业可根据自身创新特征选择合适的网络模式，因此，分布式创新模式又具有独特的灵活性。

需要特别指出的是，分布式创新模式还是一个新兴的、前沿的研究领域，在国际化开放式创新的大背景下，我国企业特别是广大的中小企业将会更多地实施和参与分布式创新。然而分布式创新理论的相关研究才刚刚起步，可以预见，有更多的与实践问题相契合的前沿理论值得我们去探索。

二、研究问题的提出

在研究方法上和范式上。很多学者采用案例研究和理论研究的方法，以发达国家企业或产业为样本，对技术创新进行探索式研究，但大多数是以描述单个案例现象为主，其结论的普适性受到限制。

在研究内容上。组织边界的进一步淡化，知识的垄断局面逐步被打破而广泛分布于社会网络中的各个节点。如何搜寻到这些节点的关键知识？如何实现关键外部知识的吸收？如何通过知识更新促进产品迭代创新绩效？这些问题都需要进一步揭示。

在研究情景和对象上。分布式创新系统的研究起步较晚，针对我国企业实际问题的研究就更少了。从一个微观的视角探讨分布式创新的运作特征，能够更深刻地解释企业技术创新过程中某些“中国化”的现象，并产生中国情境下的特有理论成果，这也是我们选择这一题目的宗旨所在。

因此，本书从知识基础观出发，认为企业通常不具备创新所需的全部知识资源，因此需要不断地寻求分布在组织边界之外的知识，通过对外部知识持续性地获取、同化、转化和利用，帮助企业增大知识库可用量，获取新思路，并促进企业产品创新和工艺创新。在该过程中，企业将会遇到的问题是：企业如何有效识别广泛分布在组织边界外部的知识源，并完成知识源到创新的转化？本书将从以下三个方面对该问题进行剖析：

(1)采取何种外部搜寻战略?(寻找目标)

分布式创新形成的方式主要有三种：由主导企业发起、由用户发起以及由第三方或中介机构发起。其中最常见的是由具有一定规模实力以及技术实力的主导企业发起。采用外部搜寻的方式能够有效帮助企业寻找组织边界外部潜在的合作伙伴，实现外部知识的获取（Maggitti等，2013）[65]。外部搜寻战略按照维度的不同可以分为：探索式搜寻与应用式搜寻、单焦点式搜寻与多焦点式搜寻、本地搜寻与非本地搜寻等。其中，按照“广度”和“深度”的不同，外部搜寻可以分为宽度搜寻与深度搜寻。宽度搜寻与深度搜寻是目前国内外学者最为关注和普遍采用的一种划分方法，也是本书重点参考的方法。宽度搜寻是指组织探索不同领域、多样化的外部知识资源所涉及的范围较为广泛，而深度搜寻是指组织开发每一种外部知识资源所表现出较高的强度和重复性（Chiang和Hung，2010）[66]。

宽度搜寻和深度搜寻各具优势，对企业创新水平的提升有着不同的影响，那么，企业如何选择搜寻策略，从而有效提升对组织边界外部知识源的识别能力，并促进企业产品创新、工艺创新能力的提升，是本书研究的重点问题之一。

(2)采用何种合作模式?(建立渠道)

由于外部搜寻的知识通常具有默会性与嵌入性，主导企业很难直接吸收和利用这种搜寻到的知识，因此，主导企业需要同重要知识持有者建立产权组织合作，包括股权式合作、非股权式合作以及基于信任的互惠性关系（叶江峰等，2013）[50]。其中较为正式的合作模式是股权式合作与非股权式合作，这两者也是本书研究的重点。

一方面，股权式合作的方式能够与合作伙伴建立紧密的联系，具有稳定性好、合作周期长等优势，但是其前期投入成本大、磨合期长、风险较高、重置成本高，因此对资金、人员的配置要求比较高。另一方面，非股权式合作操作相对简单，具有较好的灵活性和低风险性，但是合作伙伴之间的知识流动性差、知识转移效率较低。采用何种合作模式能够有效实现知识转移并促进企业创新能力的提升呢？本书将从两个方面来研究该问题：首先，两种合作模式各具优劣，本书将探讨两种不同的合作模式对企业产品创新、工艺创新的影响是否存在显著的差异化；其次，探讨外部搜寻战略与合作模式之间是否存在耦合关系。两者的交互作用对企业产品创新、工艺创新的有着怎样的影响？

(3)如何实现知识源到创新的有效转化?(实现创新)

虽然全球式合作越来越重要，采取分布式创新的企业越来越多，但是却出现了一个有趣的管理问题，即超过了50%的企业间合作是以失败告终的，其中一部分原因归咎于企业间关系处理方式不恰当（Das和Teng，2000[67]；Lokshin等，2011[68]）。在双方建立关系联结之后，双方联结的关系亲密度、关系信任、交流频率、关系稳定性、关系公平性等都会影响新知识的获取和利用，这就涉及了关系嵌入强度的作用（Zhang和Li，2010）[69]。其按照强度不同可以分为两种基本形式：强联结和弱联结。两者在实现知识的转移方式和效率上存在较大差异：其中强联结提供了丰富有效的信息交换，有利于高质量信息和复杂知识的转移；而弱联结提供了多样化的信息资源，有利于获取非冗余和隐性的知识（Lavie，2007）[70]。因此，在确定外部搜寻战略和组织间合作模式之后，关系嵌入强度成为知识源转化为创新的重要影响因素之一。

另外，外部知识转化过程涉及知识的重新组合与创造，需要组织有识别外部知识价值的能力，这种能力被称为组织的吸收能力（Grimpe和Sofka，2009）[71]。知识吸收能力包括了对外部知识的获取、同化、转化和利用过程，其中获取、同化能力组成了组织的潜在吸收能力，而转化、利用能力组成了组织的实际吸收能力（Zahra和George，2002）[72]。潜在吸收能力注重知识的获取、翻译和理解能力，实际吸收能力注重知识的转化、加工和利用能力。两种不同的知识吸收能力在搜寻战略中扮演的角色不尽相同，在知识源转化为创新的过程中分别扮演什么样的角色，将成为本书研究的重点问题。

三、研究思路

本书从上述问题出发，首先，在知识基础理论的基础上探讨不同外部搜寻战略对企业产品创新、工艺创新的影响；其次，在交易成本理论的基础上研究不同合作模式对产品创新、工艺创新的影响；再次，探讨外部搜寻战略与合作模式之间的耦合关系对产品创新、工艺创新的影响；最后，引入关系嵌入强度和吸收能力作为调节变量，分情境探讨了外部搜寻战略与合作模式的耦合关系对产品创新、工艺创新的影响。

本书共涉及三种影响效应：直接影响效应、交互影响效应和调节效应。其中，直接影响效应是指外部搜寻战略、合作模式分别对企业产品创新与工艺创新的直接影响，交互影响效应是指外部搜寻战略与合作模式之间的耦合关系对企业产品创新与工艺创新的交互影响，调节效应是指在关系嵌入强度与吸收能力的调节下，外部搜寻战略与合作模式之间的耦合关系对产品创新与工艺创新的影响。在此基础上，本书提出了总体研究思路，如图 1-1 所示。

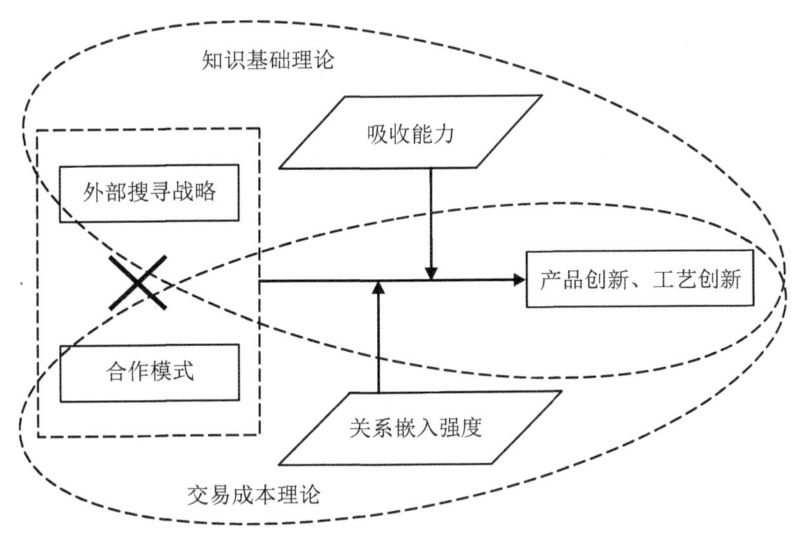

图 1-1　本书的总体研究思路

图 1-1 显示，本书利用的两个基本理论是知识基础理论与交易成本理论，在以往的分布式创新相关研究中，基于知识基础理论与交易成本理论的

研究成果相对丰富，其中知识基础理论相关研究把企业看成一个动态能力发生器，通过动态能力集成、构造和再构造内部与外部竞争力，从而适应变化的环境。知识基础理论重视组织间知识的流动，知识（特别是企业特定的缄默知识）是企业运作过程中的竞争优势的主要来源。一方面，知识基础理论视角下的研究重视知识的属性、特征，以及组织学习、知识共享等行为给企业创新带来的影响，往往忽视了交易成本问题。另一方面，基于交易成本理论的相关研究则强调合作研发行为过程中的成本问题，包括道德行为和机会主义风险等，往往忽略了知识的属性、特征给企业创新带来的影响。本书通过知识基础理论与交易成本理论的结合，既考虑了合作研发行为过程中的知识特征，又考虑了交易成本，这在一定程度上有助于弥补单一理论研究视角的不足。

该研究思路图将知识基础理论与交易成本理论进行碰撞，既考虑了知识的属性、特征，又考虑了交易成本。通过知识基础理论与交易成本理论的交叉融合，从一个更为全面的视角审视企业跨边界技术创新时的合作行为，能够更好地揭示企业外部搜寻与企业间合作模式给企业产品创新、工艺创新带来的影响。另外，调节变量的引入将增加主效应的可讨论性，丰富研究情景，增强研究结论的真实性与可靠性。本书重点突出以下三个方面：

(1)发现外部搜寻策略的价值和意义

分布式创新通过跨企业边界实现资源优势互补，然而大多数研究忽视了搜寻过程（Leiponen和Helfat，2010）。外部搜寻作为寻找知识源的重要途径，能够帮助企业识别广泛分布在社会各个节点的关键知识（Katila等，2012）。在企业分布式创新实施过程中，不同的外部搜寻策略如何作用于产品迭代创新绩效，仍需要后续研究的进一步解释。

(2)挖掘现象背后的普遍规律

学者们试图通过理论、案例对分布式创新的内部作用机制进行探索，然而，这些研究仅停留在对现象、理论、案例的探讨层面，缺少对分布式创新的系统研究（Coombs等，2003）。在后续的研究中，内部作用机制有待深入探讨，如组织忘却和知识整合如何促进新旧知识的碰撞，以及如何向创新绩效转化。

(3)规模性调研中小企业样本

目前的实证研究大多以发达国家的跨国公司和大企业为样本，缺乏以中小企业为样本的研究，尤其是以发展中国家的中小企业为样本的研究。目前，我国有少数学者开始对分布式创新展开研究，但仍以理论分析为主，缺乏中小企业样本的研究，特别是大样本的量化分析。

本书希望达到以下研究目的：

(1)科学梳理分布式创新网络中的搜寻策略

本书将科学地对分布式创新网络中搜寻策略的优势进行梳理和分类。我们将扎根于分布式创新实践，从搜寻特征、搜寻范围两个方面对其进行梳理、归纳和总结。

(2)清晰回答股权合作、非股权合作对企业产品创新、工艺创新的具体作用

此目标通过两个分目标来实现：①分析产权形式的特征和优势，以及其在分布式创新过程中扮演的角色；②分析整合能力的功能，以及在新旧知识体系碰撞过程中发挥的具体作用。

(3)深入揭示搜寻策略、产权形式和关系强度的交互作用对企业产品创新、工艺创新绩效的影响，提出对策建议

本书将进一步分析搜寻策略、产权形式和关系强度的三项交互作用，并分情境予以讨论。为此，我们将对中国情境下的分布式创新实践进行归纳总结与解释，结合一些共性问题，提出符合我国企业实际的对策建议。

四、研究方法与框架

1.研究方法

本书的基本研究方法是：定性研究与定量研究相结合。遵循着“实践中发现问题——文献阅读与理论推导——理论构建——假设验证与实证分析——案例分析——形成结论”的研究思路展开研究。具体包括以下四个步骤：

(1)文献研究方法

在形成现实问题之后，广泛查阅、整理和分析分布式创新、组织间合作、社会网络等领域的研究文献，跟踪制造业创新研究的最新动态。文献阅

读采取广泛和重点阅读相结合的策略，通过大量的中英文相关文献阅读，对相关研究的理论基础、研究视角、研究内容等予以梳理和总结。通过理论分析与现实问题之间的反复思考，识别研究的不足，最终提出了本书要研究的问题。

(2)理论演绎方法

通过理论演绎的方法形成相关假设。首先，分布式创新需要寻找潜在合作伙伴，涉及外部搜寻的问题，采取什么样的搜寻战略更有利于企业创新；其次，搜寻到合作伙伴之后，知识存在嵌入性而无法转移，需要建立合作关系，那么建立什么样的合作关系能够与搜寻战略相匹配；最后，在外部搜寻战略与合作模式确定之后，如何实现知识源到创新的有效转化。通过对变量之间的关系的演绎，提出研究假设。

(3)定量实证研究

研究采用了大样本问卷调研的方式，利用分层回归分析法、Z检验法以及三项交互方法验证相关假设。问卷的设计采用国外知名期刊文章中出现的成熟量表，通过双向翻译，基本上能够使得概念、测量与国外保持等同性，也符合中文的情境，能最大限度地提高表述及测量的精确性。数据的处理采用了LISREL和SPSS等统计软件，通过验证性因子分析、分层回归分析、三项交互方法等数据处理手段验证相关假设（证实或证伪）。

(4)案例研究

采用案例研究的方式，对实证研究的相关结果进行解释和验证，增加本书研究的完整性。案例研究采用单个案例研究的方式，因为单个案例研究能够解释研究问题，且能够保证案例研究的深度，并能更好地了解案例的背景，以及满足研究构念的信度和效度，另外，个案研究是证伪的一个重要途径。本书选择单个案例研究作为案例研究部分的主要方法，使得研究结论更加具有真实性和可靠性。

2.研究框架

第一章，介绍了我国企业创新的现实背景和理论背景，凸显出分布式创新的紧迫性。在此基础上，分析了现有分布式创新相关研究的不足，结合实际提出了本书所要研究的主要问题，介绍研究思路、研究方法以及研究框架。

第二章，对相关文献进行全面的总结和梳理，包括外部搜寻理论的发展脉络与研究进展，股权式与非股权式合作的理论基础与研究现状，产品创新与工艺创新的理论基础与研究现状，嵌入性理论与吸收能力理论的研究动态等。旨在通过对相关理论观点的分析、回顾和总结，为后文的分析奠定坚实的理论基础。

第三章，在理论分析的基础上构建概念模型和假设，包括了外部搜寻战略对企业产品创新、工艺创新的影响，合作模式对企业产品创新、工艺创新的影响，外部搜寻战略与合作模式的耦合关系对企业产品创新、工艺创新的影响，以及关系嵌入强度和吸收能力的调节效应。

第四章，介绍了问卷设计、变量测量、小样本测试、大样本数据收集、样本描述以及分析方法，为接下来的实证分析提供支持。

第五章，运用验证性因子分析、分层回归分析、三项交互方法以及T检验法等对相关假设予以验证。

第六章，针对数据分析结果予以讨论，深入分析实证结果的含义，并从理论和实践两方面归纳所得结果的意义。

第七章，针对相关结果进行案例研究，选择合适的案例，通过访谈以及书面材料等数据来源对相关实证研究结果进行论证。

第八章，结合现有理论成果，对本书得出的结论予以讨论，通过对比分析指出本书的理论贡献以及对管理实践的启示，分析研究的局限性，并在此基础上提出未来进一步研究的方向。

本书的研究内容与结构框架如图1-2所示：

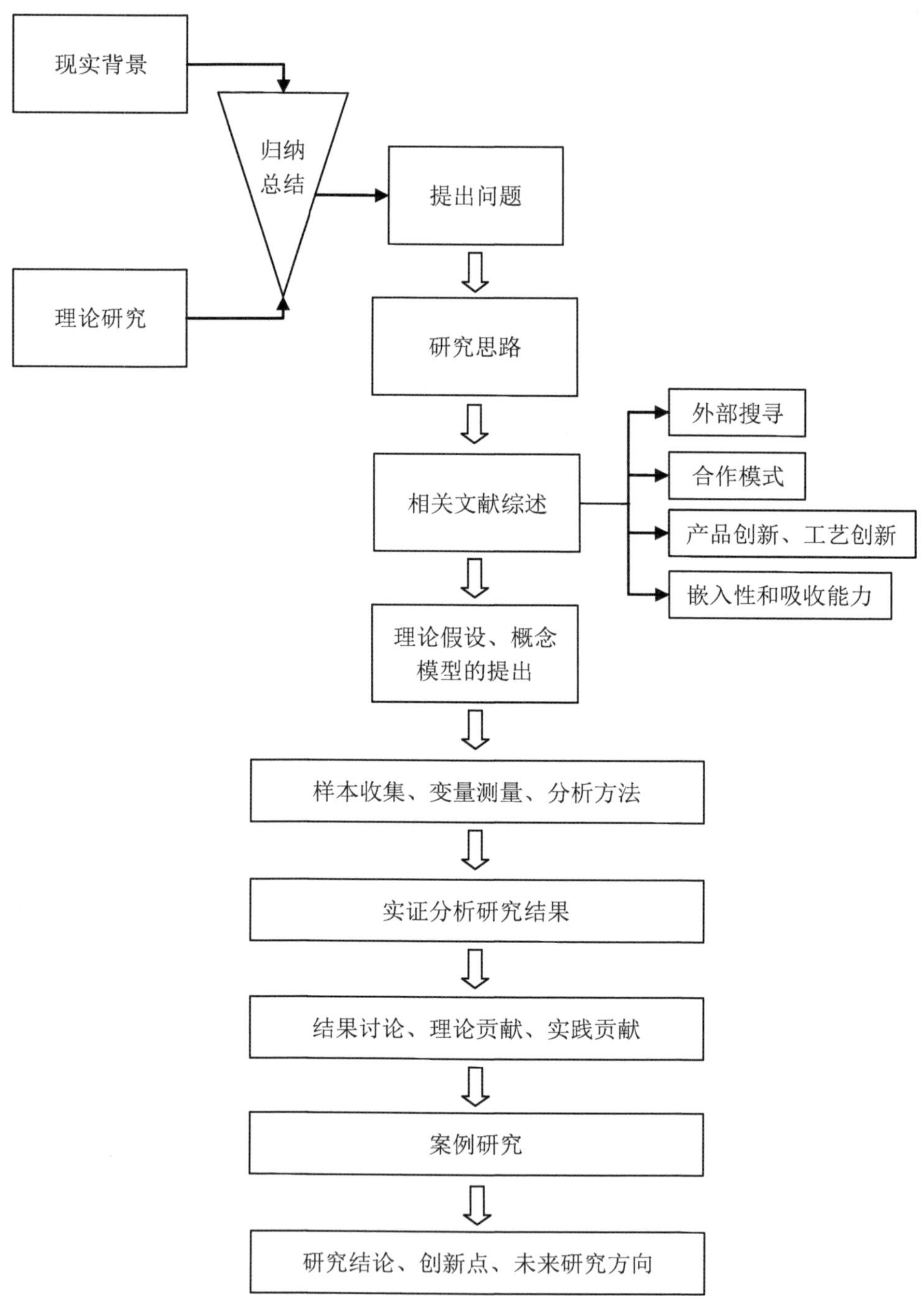

图1-2　本书的研究内容与结构框架图

第二章

文献综述与理论发展

一、外部搜寻理论的发展脉络与研究进展

（一）外部搜寻理论的发展脉络

本章从外部搜寻的理论基础、外部搜寻理论的研究视角以及宽度搜寻战略与深度搜寻战略的形成展开介绍，梳理外部搜寻理论的发展脉络。

网络组织是产生于20世纪80年代的一种新兴组织形式。它们首先集中出现在一些进行外包生产和服务的企业中。学术界较为普遍接受的定义是：由多个独立的个人、部门和企业为了共同的任务而组成的联合体（Achrol，1999）。它的运行不靠传统的层级控制，而是在定义成员角色和各自任务的基础上通过密集的多边联系、互利和交互式的合作来完成共同追求的目标。近年来，不同产业中相继出现“超层级”“群集组织”“虚拟组织”“增值合伙”“有机组织”“模块团队”等组织形式，其实质都是“各个独立的商业单元联结而成的共同运转的团体”，即网络组织的具体表现形式。其共同特点是组织规模缩减和扁平化、组织工作团队化、组织分权化和组织学习化。网络组织的这种组织形式受到了越来越多的关注。

然而，网络组织的本质是什么？什么样的组织属于网络组

织？经济学学者往往从“三分法”的角度来研究网络组织，认为网络作为一种治理形式，是把网络与市场和科层（企业）并列，“可用市场、组织间协调和科层组织的三级制度替代传统的市场与科层两级制度框架”，视网络组织为一种独立的交易活动的协调方式。科层治理以节约代理成本为要约，市场治理以节约交易成本为原则，网络则以企业间协调的方式来组织交易和生产活动，兼而具有市场与科层的特性。管理学学者则更喜欢从组织间关系和组织运作的角度来揭示网络组织的属性。Butera（2000）提出网络组织是一个可识别的多重联系和多重结构的系统。在组织内部，“节点”和具有高度组织能力的网络组织在“共享”和“协调”目标以及松散、灵活的组织文化理念下，支持共同处理组织事务，以维持组织的运转，实现组织的合作。企业从价值链等多个环节与外界环境的其他主体建立契约或非契约的联系。网络组织正是当今企业个体更加专注于价值链个别环节的结果。组织结构网络化的极端情况是所谓的“虚拟组织”，即个体企业只占据价值链中的一个环节，实现产品生产的其他职能均依赖合作企业（如供应商、分销商、技术接包方等），并且合作方的选择是不断动态变化的。合作方式主要有战略联盟、生产联盟、创新网络、虚拟企业、服务或生产外包等，虽然企业间的合作方式不同，但都是企业在价值链上与其他主体建立联系、相互依赖、共享资源的表现，因而均属于网络组织范畴。

关于网络组织与企业创新关系的研究。网络组织的多主体合作与资源整合特性为企业技术创新提供了更为广阔的支持平台，打破了传统的组织边界，为组织学习由个人、组织内团队到更高层级的跨组织学习创造了条件。网络组织中，企业重要的工作之一就是研究如何充分利用网络内的资源与合作伙伴进行高效的合作，最大限度地实现创新，并创造更大的价值。Ronald Burt是最早涉及网络与技术创新关系研究的学者之一，其研究成果指出，在社会网络中存在着两个过程对技术创新扩散产生显著影响，一是信息的传播，二是社会影响的传递。区域内的高度协作导致了区域创新系统的高效率。Stemberg（2000）在有关“创新网络”或“环境”的文献中强调了创新网络对创新的促进作用。

1.外部搜寻的理论基础

当组织的技术发展到一定水平，即内部知识无法继续满足技术的持续改进或突破时，组织需要试图扩展组织边界以增进知识源和创新思路（Laursen和Salter，2006）[59]。将其放在分布式创新的大背景下，即组织需要与其他组织建立网络联结关系，如供应商、客户、其他企业、高校、科研院所、中介机构等，通过从其他网络节点获取知识和创新思路，提升自身的知识库总储量和环境适应能力，获取竞争优势。然而，创新合作的对象并非随机选择的，因为创新主体的创新活动是一种认知活动（薛孚和陈红兵，2015）[50]。企业在自身固有知识、信息的基础上，对外部知识选择、权衡、建构和融合的过程即外部搜寻的过程。作为一种解决问题的手段，外部搜寻通过寻找其他网络节点的合作，帮助企业获取关键信息资源，实现已有知识与外部新知识的重新组合，帮助组织适应环境转变，提升自身创新能力（Leiponen和Helfat，2010）[56]。外部知识搜寻程度越高，越能够为组织带来更多的发展机会和创新空间（Leiponen和Helfat，2010）[56]。

目前，外部搜寻理论已经成了创新理论不可或缺的一部分（Grimpe和Sofka，2009）[71]，它是随着创新理论的不断发展而演变出来的，且随着分布式创新时代的到来，外部搜寻越来越显现出其重要价值。外部搜寻理论仍处在初期的摸索和共同探讨阶段，但该阶段也是外部搜寻理论迅速发展和积累的阶段，以下从知识基础理论、资源依赖理论和企业演化理论来阐述。

(1)知识基础理论

知识基础理论认为知识是一种拥有市场价值的生产资源（Grant，1995）[73]，知识按照其可转植性（Transferability）又分为了显性知识和隐性知识，其中显性知识在企业之间可以通过交流转移，而隐性知识的转移则比较困难（Nonaka，1990）[74]。个体是知识的制造者，特别是隐性知识的储存节点。Kogut和Zander（1996）[54]认为企业生产一个产品或者提供一种服务往往需要各种各样的知识，而每一个企业所拥有的独特的知识是别的企业所不具备的（Simon，1978）[75]。Grant（1995）[73]认为企业的首要任务不是创造知识，而是完成外部知识的有效集成，特别是外部知识节点中的隐性知识，从而实现知识的获取、同化、转化到利用的完整过程。

第一个知识创造者往往能够换取市场、技术地位的领先，先发制人地获取地理、技术的稀缺性（Macher和Boerner，2012）[76]。外部搜寻能够形成知识集成效果，为企业带来知识创造，并有效提升知识创造的效率，缩短研发周期，抢占竞争优势。

（2）资源依赖理论（Resource Dependence Theory）

资源依赖理论认为组织最关心的是其生存问题，为了生存，组织需要获取外部关键资源，而这些资源往往是组织内部所欠缺的，组织必须与它所依赖的环境中的其他组织建立联系并产生互动，进而从周围环境中汲取关键资源，并维持企业生存。Wernerfelt（1984）[77] 认为市场环境中存在着完成产品开发所需要的关键资源，而能够识别和获取这些关键资源的企业，往往能够获得市场竞争优势。Barney（1991）[78] 认为企业中的许多资源具有价值性、稀缺性、不可模仿性和不可替代性，这些资源的获取就成了提升组织竞争力的保障。

分布式创新的方式打破了传统的企业边界，为组织通过搜寻获取外部异质性新知识提供了理论基础。外部搜寻作为一种资源搜寻的手段，能够使企业了解所处环境中存在的资源情况，其中不乏有价值的资源，如果这些资源能够被企业加以利用，将会提升企业竞争力。当然，并非所有有价值、稀缺的资源都与组织竞争力的提升有关，只有那些企业所稀缺的、能够帮助企业改善绩效的资源才是企业需要搜寻的资源。

（3）企业演化理论（Enterprise Evolution Theory）

企业演化理论认为，企业是内敛的、经验积累的、随时间发展的生产性要素的集合体，它体现为“惯例”，它类似于企业的基因，决定了企业的能力、过程和方法。而外部搜寻是企业对外部环境的扫描行为，有了对外界事物新的认识，从而改变惯例的过程。当然，在该过程当中，企业有自己的筛选机制，一方面取决于自身的特点、行为和需求，另一方面也取决于外部环境的要素供给和竞争。这种搜寻导致惯例改变的特征，体现了企业演化的过程。

在分布式创新的过程中，外部搜寻可以使企业接触到外部先进的技术和经验，通过搜寻，企业可以模仿领先本企业的优秀惯例，去除自身的缺陷或弊端，以实现企业的自我更新，从而完成企业的进化。市场是一个优胜劣汰的环境，“适者生存”的规律影响着每一个企业的生存，止步不前的企业最终将面临被淘汰的结局，而不断通过外部搜寻改善企业惯例的企业则会不断进化。

2.外部搜寻理论的研究视角

随着外部搜寻理论的不断发展，按照组织搜寻的方式不同，外部搜寻理论的研究可以划分为以下几种主要的研究视角：应用式搜寻与探索式搜寻、单焦点式搜寻与多焦点式搜寻、本地搜寻与非本地搜寻、单边界式搜寻与多边界式搜寻。具体介绍如下：

(1)应用式搜寻与探索式搜寻

按照搜寻目的的不同，外部搜寻可以分为应用式搜寻与探索式搜寻（Nicholas等，2013）[79]。应用式搜寻的目的是将搜寻到的外部新知识应用到已建立的组织认知框架当中，而探索式搜寻则是组织通过拓展搜寻空间，跳出已有的认知框架，建立新的认知框架（Von Stamm，2008）[80]。

应用式搜寻与探索式搜寻有着不同的表现形式，应用式搜寻的基本策略主要包括：运用网络资源发现竞争环境中的兴趣发展，与现有客户交流并挖掘那些未来有可能成为主流发展趋势的模糊性新兴趋势，通过对客户进行跟踪观察和交流互动来挖掘他们的潜在需求，决策的制定要保持阶段性小步幅，从而保持与创新思路的发展进度以及渐进性投资量相一致，考虑从供应商或者客户那里雇佣员工并挖掘他们的创新思路等；而探索式搜寻的基本策略主要包括：派出团队在全球范围内寻找新技术或者新思路，探索关于未来发展方向的不同可能性，成立专门的部门启动有前景的技术，挖掘组织内部企业家精神进行内部创业，开发通过行业关系网络设想来改变整个行业面貌的新技术，寻求不同的合作伙伴或者不同背景的专家提供更多的技术视角和新知识，运用具有创新性的工具或者技术增加突破性新思路等。总体来说，应用式搜寻帮助企业在现有技术的基础上不断完善和改进，而探索式搜寻帮助企业在新的技术领域开辟新的市场。

(2)单焦点式搜寻与多焦点式搜寻

按照外部搜寻焦点的不同，外部搜寻战略又可以划分为单焦点式搜寻（Focused Search Strategy）与多焦点式搜寻（Multi-focus Search Strategy）（Henttonen和Ritala，2013）[81]。其中单焦点式搜寻是指针对性较强的、单一技术资源的搜寻，多焦点式搜寻则是针对多个技术资源，在多个技术资源搜寻中给予同样重要的关注度，投资平均分配在多个焦点之间。

单焦点式搜寻其特点是投资较为集中、技术能力提升较快、效率高以及易管理。由于组织惯性的存在，单焦点式搜寻的弊端是企业在搜寻的进程中会倾向于搜寻与已有知识相类似的知识信息资源，造成知识冗余的大量出现。另外，单一技术能力不断提升的同时，企业容易陷入能力陷阱，当市场环境发生转变的时候，企业无法进行技术的快速转换以适应新的技术需求。多焦点式搜寻的特点则是投资较为分散、有效降低风险、实现资源的良好配置以及企业战略柔性的提升。然而，焦点的分散也会造成管理成本的提高，人员配置要求也会更高。另外，关注基础观（Attention-based View）认为“过度搜寻”（Over-searching）会导致管理团队的关注度和精力无法满足搜寻要求，从而导致外部知识搜寻的效率和能力受到影响。

(3)本地搜寻与非本地搜寻

按照技术知识距离的远近，本地搜寻（Local Search）和非本地搜寻（Nonlocal Search）都能够为企业的创新提供知识库储备量和新鲜的元素（Sidhu等，2004）[82]。然而，本地搜寻所增加的知识库储备量往往是与企业过往的经验和学习相类似的或邻近的知识资源，而非本地搜寻能够通过跨技术边界的学习为企业拓宽知识库储备量的宽度（Rosenkopf 和 Nerkar，2001）[83]。

由于受到组织惯性的影响，企业会优先搜寻与其历史学习经验较为接近的技术，这些技术的知识基础与企业相邻近，演化经济学认为这是一种路径依赖性（Rosenkopf 和 Almeida，2003）[84]。非本地搜寻则是打破了这种技术边界内的搜寻方式，转向搜寻与企业内部知识差异较大的异质性知识。两种搜寻方式并无孰优孰劣，前者通过新知识与旧知识的重新整合，有效提升知识水平，进而在固有技术的基础上进行二次创新，提升现有市场竞争力；后者往往能够另辟蹊径，通过异质性知识的获取来开拓新的技术和市场，为企业带来新的竞争力。

(4)单边界搜寻与多边界搜寻

单边界搜寻是指将外部搜寻按照不同的边界划分，包括组织边界、技术边界、供应链边界、时间边界、地理边界等。其中，组织边界是指组织内部与组织外部的边界，技术边界是指相似技术与非相似技术的边界，供应链边界是指供应链内部与供应链外部的边界，时间边界是指新知识与旧知识的划分边界，地理边界是指国内技术与国外技术的边界。

多边界的搜寻模式是将外部搜寻模式按照不同的维度划分，并再次组合的搜寻策略研究（邬爱其和方仙成，2012）[85]。它包括了多种的组合方式，如时间-组织边界组合、技术-组织边界组合、技术-地理边界组合。多边界搜寻模式考虑了多种划分维度的组合方法，通过时间、组织、技术、地理等单一边界划分方式的组合，搜寻模式研究方法变得更为系统和丰富。另外，不同的搜寻模式关系到企业不同的创新绩效表现，不同的搜寻模式组合更是关乎企业能否达到预期创新绩效（Rosenkopf和Nerkar，2001）[83]。多边界搜寻模式研究进一步将搜寻理论细化，其理论研究能够帮助企业实践者找到适合企业自身的外部搜寻模式，从而提升企业的管理实践水平。

3.宽度搜寻战略与深度搜寻战略的形成

无论是探索式、应用式搜寻，单焦点式、多焦点式搜寻，还是本地、非本地搜寻，或者是跨边界搜寻都无法回避搜寻行为中“度”的问题——宽度与深度（Katila和Ahujia，2002[60]；肖丁丁，2013[86]）。搜寻宽度是指组织探索不同的领域、多样的外部技术资源所涉及的广泛程度，搜寻深度是指组织开发每一束外部技术资源所表现出的强度和重复性（Chiang和Hung，2010）[66]。按照此归类方法，可以将以往关于外部搜寻的不同的研究视角归类为两大搜寻策略或者搜寻战略：宽度搜寻战略和深度搜寻战略。该分类方法是目前搜寻相关研究中普遍关注的一种划分方式，两种不同的搜寻战略如表2-1所示。

表2-1 两种搜寻战略的涵盖视角表

外部搜寻的不同视角	宽度搜寻战略	深度搜寻战略
按照搜寻目的的不同(Von Stamm,2008)[80]	探索式创新——组织通过广泛的搜寻,拓展搜寻空间,跳出已有的认知框架,建立新的认知框架	应用式创新——将搜寻到的外部新知识应用到已建立的组织认知框架当中,加强已有认知
按照搜寻焦点的不同(Henttonen和Ritala,2013)[81]	多焦点式搜寻——针对多个焦点,在多个焦点给予同样重要的关注度,投资平均分配给多个焦点	单焦点式搜寻——针对性较强的、单一技术资源的搜寻,投资集中在某一焦点之上

续表2-1

外部搜寻的不同视角	宽度搜寻战略	深度搜寻战略
按照知识距离的不同(Rosen-kopf和Nerkar,2001)[83]	非本地搜寻——能够通过跨技术边界的学习为企业拓宽知识库储备量的宽度	本地搜寻——所增长的知识库储备量往往是与企业过往的经验和学习类似或邻近的知识资源
跨时间边界的搜寻(Katila和Ahujia,2002)[60]	对新知识的搜寻	对旧知识的搜寻
跨技术边界的搜寻(Phene等,2006)[87]	非相似技术的搜寻	相似技术的搜寻

（资料来源：作者整理。）

宽度搜寻与深度搜寻作为两种不同的外部搜寻战略，其对组织知识的获取和能力的提升有着不同的影响。

一方面，宽度搜寻是一种更为宽泛和多样化的搜寻战略，取决于依赖外部资源的数量以及合作者的类型的多少，搜寻宽度越大，组织接触到的外部新知识就越多，它刻画了组织在多大范围内搜寻新知识（Henttonen和Ritala，2013）[81]。宽度搜寻能够帮助组织获取更多的创造机会和思路，新思路和替代方案的出现，为组织差异化优势提供了潜在的可能性，宽度搜寻使组织不断接触到不同领域的新知识，能够较好地扩展组织视野、提升战略柔性、拓宽创新网络范围、增加进取性和探索性。

另一方面，深度搜寻是一种聚焦式的搜寻战略，强调知识资源的搜寻强度和专业性（Laursen和Salter，2006）[59]。搜寻深度越大，组织接触到的同类知识就越丰富，它刻画了组织在多大程度上重复利用现有知识，能够帮助企业在有限的知识束上不断提升，同时降低错误和失败的可能性（Leiponen和Helfat，2010）[56]。深度搜寻使组织不断接触到相似领域的现有知识，能够较好地改进已有产品、降低生产成本、提升运营效率、促进渠道升级。

（二）外部搜寻的研究进展

1.外部搜寻与企业创新的相关研究

分布式创新网络结构特征可以从网络规模、网络开放性、网络结构洞三个方面来刻画。网络规模一般是指在形成的网络中组织成员数量的多少。网络规模是分布式创新的网络结构中最基本的特征，反映了整个网络基本组成的范围大小，由网络中的节点构成（赵延东和周婵，2011）。网络节点的主要表征为企业、高校、科研院所、政府等创新主体。一般而言，网络的规模越大，节点之间交流的机会就越多，创新的机会也越多，对主导企业技术创新能力的提升就越有帮助（池仁勇，2005）。网络规模增大的同时，不仅能够扩大创新资源获取的范围，而且可以增加网络成员的异质性程度，而异质性程度更高的创新网络更有利于创新效率的提高。网络开放性主要表现为行为主体对网络联结的自主控制，即网络联结的建立与中断、加强与减弱（于明洁等，2013）。它一方面使网络组织内部参与主体间相互开放，帮助企业在网络中获取关键的价值资源，比其他竞争对手更快地进行市场反应；另一方面能够使企业获得远距离知识和互补性资源，并不断向外部开辟新网络（蔡玮，2010）。一般认为，技术创新网络开放性程度越高，越容易从系统外界吸收知识、信息、技术等能量，保持持续的创新活力，促使技术创新网络不断向高级化方向演化（Eisingerich等，2010）。结构洞理论由美国社会学家Burt于1992年首次提出，所谓结构洞，是指网络中一个结点与另一个结点存在直接联系，但与其他结点间不存在直接联系，那么该结点就占据了结构洞的位置，即结构洞节点联结了两个本不相连的节点，在节点间起到桥梁和中介的作用。一方面，结构洞的存在影响知识流的运动和信息的交换与共享，成为网络中的断点，充当主体沟通的桥梁；另一方面，结构洞的存在有利于整个创新网络效率的提高（盛亚和范栋梁，2009）。一般认为，技术创新网络结构洞数量越多，表明知识、信息等在不同创新主体之间的自由流动越通畅，越有利于技术创新效率的提高。网络联结既是信息、知识传递的关键渠道，又是知识、信息、技术等在扩散过程中创造价值或知识增值的“价值链”。一般认为，技术创新网络联结程度越高，表明不同创新主体之间的合作创新意识越强，知识、信息等的共享程度越高，越有利于创新效率的提升

(于明洁等，2013)。

分布式创新网络关系特征主要分为强联结与弱联结，但是学术界在关于强联结、弱联结如何影响技术创新方面却存在关系悖论。一些学者认为强联结的作用更大，一些学者则认为弱联结更有利于创新。目前，现有学者在外部搜寻与企业创新关系的“线性”和“非线性”关系论证上存在差异，以日本、英国等地企业样本为代表的实证研究验证了外部搜寻与企业创新呈现出“倒U形”关系，而另一些学者以中国、荷兰、芬兰等地企业为样本的研究则验证了外部搜寻与企业创新之间的“线性关系”。

(1)“倒U形”关系假说

外部搜寻与企业创新之间存在“倒U形”关系的实证研究主要分布在日本、英国等地，基于的理论基础包括了：关注基础观（Attention-based Theory)、资源基础观（Resource-based View）以及企业能力理论（Enterprise Capability Theory）等。“倒U形”关系假说认为，一定程度的搜寻有利于企业创新，而“过度搜寻”则会由于企业的关注度、资源配置、吸收能力等因素受到限制，造成边际成本提高，边际效益递减。

Katila和Ahujia（2002）[60] 基于技术陷阱（Technological Trajectory）和技术刚性（Technological Rigidity）的存在，认为搜寻深度与新产品引入数量之间存在“倒U形”关系，基于动态知识集成成本递增以及可靠性递减，认为搜寻宽度与新产品引入数量之间存在“倒U形”关系，并以北美和欧洲等地的企业为样本，验证了搜寻深度与新产品研发之间存在“倒U形”关系，但是搜寻宽度与新产品引入数量之间的“倒U形”关系未被验证，而是线性关系。

Phene等（2006）[87] 从信息过载（Overload）的角度出发，认为搜寻信息过多会造成利用效率降低、模糊性增强、规模不经济，并以202家美国企业为样本，通过实证研究方法验证了美国内部的远距离知识（Distant Knowledge）搜寻与突破创新存在“倒U形”关系，而国际的临近知识（Proximate Knowledge）搜寻与突破创新也存在“倒U形”关系。

Laursen和Salter（2006）[59] 认为企业的搜寻战略深深地嵌入在企业的历史经验和经理人的未来期望当中，在这样的历史经验和未来期望当中，企业的搜寻行为会慢慢走向“过度搜寻”的结果。首先，过度搜寻带来的问题是有太多的新思路、新知识需要吸收（出现了吸收能力问题）；其次，许多新思路、新知识出现在了错误的时间、错误的地点（搜寻时机的把握错误）；最后，有这么多的新知识、新思路，其中只有个别知识和思路能够受到关注，并最终予以实施（关注落实问题）。该研究以英国企业为样本，验证了搜寻宽度、搜寻深度与创新绩效呈“倒U形”关系，并验证了搜寻深度更有利于突变创新（Radical Innovation）绩效的提升，而搜寻宽度对渐进创新（Incremental Innovation）绩效有更好的效果。

Wu（2013）[61]认为“过度搜寻”会带来外部搜寻成本的上升，该成本包括了外部资源的搜寻成本、评价成本、选择成本、编辑成本以及转译成本。以1262家中国台湾企业为样本，通过实证研究方法验证了搜寻宽度与产品创新绩效之间存在“倒U形”关系。另外，经理人任期对搜寻宽度与创新绩效之间的“倒U形”关系有负向调节作用。

(2)“线性”关系假说

Chiang和Hung（2010）[66]基于组织间知识流动理论和组织学习理论，以184家中国台湾电子产品制造商为样本，得出了与Laursen和Salter（2006）[59]不同的结论：搜寻宽度与突变创新有显著正向关系，与渐进创新不相关；而搜寻深度与渐进创新有显著的正向关系，与突变型创新不相关。

Leiponen和Helfat（2010）[56]以芬兰制造企业为样本，从知识基础理论视角出发，验证了搜寻宽度与创新绩效的正向线性关系，并未发现边际效益递减，即“倒U形”关系并不存在。

邬爱其和李生校（2012）[62]基于知识基础理论，提出增加本地、全球搜寻的宽度能提高新创集群的产品创新绩效，而基于默会知识成本提升、贡献下降，提出本地、全球搜寻的深度与新创集群的产品创新绩效呈“倒U形”关系。以浙江绍兴146家企业为样本，验证了本地、全球搜寻的宽度、深度与新创集群的产品创新绩效之间均是线性的正相关关系，而并不存在“倒U形”关系。

Heyden等（2012）[88]基于高层管理团队搜寻的视角，认为知识储备量与创新产出挂钩，知识的增量可以增加创新的可能性。以1089家荷兰企业为样本，通过大样本的横截面数据验证了本地搜寻、非本地搜寻与创新产出之间的线性正向促进关系。

Henttonen和Ritala（2013）[81]以芬兰193家企业为样本，验证了单焦点式搜寻与创新绩效有正向关系，多焦点式搜寻与创新绩效的关系随着焦点的增多而增强，另外，研发强度对单焦点式搜寻与绩效之间的关系有正向调节作用，而对多焦点式搜寻与创新绩效之间关系的调节效应不显著。

张峰和刘侠（2014）[89] 以开放网络为背景，认为我国企业尤其是中小企业，普遍缺乏创新的相关信息、技术知识等，加之不健全的市场制度环境，许多企业并未达到外部搜寻的临界点，因此可以忽略“过度搜寻”的问题。他们以天津、北京和山东294家企业为样本，验证了搜寻宽度、搜寻深度与创新绩效之间的正向线性关系。

宋晶等（2014）[63] 研究了开放创新环境下的知识搜寻与创新绩效之间的关系，认为知识搜寻的范围越广、来源越多，越有利于企业提升创新绩效，并未考虑“过度搜寻”的现象。随后，以陕西、江苏和广东三地共573家企业为样本，验证了陕西、江苏和广东三地的知识搜寻与创新绩效之间均是正向线性关系，其中江苏样本的回归系数最大。

缪根红等（2014）[90] 从知识整合的角度研究了外部新知识、外部旧知识搜寻对创新绩效的影响。以200家航空企业以及上海钢铁企业为样本，验证了外部新知识搜寻宽度、外部旧知识搜寻宽度、外部旧知识搜寻深度与创新绩效之间的正向线性关系。

综上所述，现有实证研究在结论上仍存在诸多不一致，相关研究从“倒U形”假说、线性假说分了两个学派，以下对两个学派的代表性研究进行了总结梳理，如表2-2所示。

表2-2　外部搜寻相关代表研究表

代表研究	作者	代表结论	理论视角	研究方法
1.“倒U形”关系假说	Katila和Ahujia (2002)[60]	外部搜寻与新产品引入数量呈“倒U形”关系	技术刚性和知识集成成本	实地研究
	Phene等 (2006)[87]	外部搜寻与突破式创新呈“倒U形”关系	信息过载	实地研究
	Laursen和Salter (2006)[59]	外部搜寻与创新绩效呈“倒U形”关系	过度搜寻	实地研究
	Wu (2013)[61]	搜寻宽度与创新绩效呈“倒U形”关系	过度搜寻	实地研究

续表2-2

代表研究	作者	代表结论	理论视角	研究方法
2.线性关系假说	Chiang和Hung (2010)[66]	搜寻宽度与突变创新有显著正向关系，与渐进创新不相关；而搜寻深度与渐进创新有显著的正向关系，与突变型创新不相关	知识流动理论和组织学习理论	实地研究
	Leiponen和Helfat (2010)[56]	搜寻宽度与创新绩效有正向线性关系	知识基础理论	实地研究
	邬爱其和李生校 (2012)[62]	外部搜寻与新创集群产品创新绩效正相关，不存在“倒U形”关系	知识基础理论	实地研究
	Heyden等 (2012)[88]	本地搜寻、非本地搜寻与创新产出之间存在线性正向促进关系	知识基础理论	实地研究
	Henttonen和Ritala (2013)[81]	单焦点式搜寻与创新绩效有正向关系，多焦点式搜寻与创新绩效的关系随着焦点的增多而增强	知识基础理论	实地研究
	张峰和刘侠 (2014)[89]	外部搜寻与创新绩效是正向线性关系，过度搜寻效应在中国情境下不明显	过度搜寻	实地研究
	宋晶等 (2014)[63]	外部知识搜寻与创新绩效之间是正向线性关系	知识基础理论	实地研究
	缪根红等 (2014)[90]	外部新知识搜寻宽度、外部旧知识搜寻宽度、外部旧知识搜寻深度与创新绩效之间呈正向线性关系	知识整合	实地研究

（资料来源：作者整理。）

2.外部搜寻的研究评述

首先，外部知识搜寻与企业创新之间的关系研究在国内外已经开展，但在结论上存在诸多差异，主要是“线性”与“非线性”关系的差异。其中线性关系的理论基础是知识、信息和技术的可用储备量的增加能够使企业萌发出新的创新思路，通过内外部知识信息的整合提升创新绩效；而非线性关系的理论基础是能力基础观、关注基础理论等，认为随着外部知识搜寻的增加，由于企业对知识的吸收能力和关注度是有限的，会导致默会知识成本的增加、边际效益的递减等，是造成外部搜寻与企业创新呈现“倒U形”关系的主要原因。另外，也有一些学者认为我国经济体制相对薄弱，企业技术、信息和知识相对缺乏，目前的外部搜寻仍未到达“过度搜寻”的临界点，因此并不存在“倒U形”关系，而是线性的正向影响关系。总而言之，外部搜寻与企业创新之间关系的论点冲突普遍存在，后续有待学者们进一步研究和揭示。

其次，在实施搜寻战略到实现创新绩效的过程中，有许许多多不可或缺的情境因素，仍存在较大的挖掘空间。一方面，双方合作关系的关系质量、关系信任、关系稳定性等的不同会影响知识转移的效率和效果，这就涉及情景变量的引入——关系嵌入性。关系嵌入强度按照强、弱的不同可以分为强联结和弱联结，两者在实现知识的转移方式和效率上存在较大差异：其中强联结提供了丰富有效的信息交换，有利于高质量信息和复杂知识的转移；而弱联结提供了多样化的信息资源，有利于获取非冗余和新颖知识（Lavie，2007）[70]。将联结强度作为情境变量引入模型，探讨强联结、弱联结条件下外部知识搜寻战略对创新绩效的影响，有利于将搜寻理论与网络嵌入性理论相融合，该研究仍是一个较为新兴的话题。另一方面，外部知识搜寻战略涉及对外部知识的重新组合与创造，需要组织有识别外部知识价值的能力（Grimpe和Sofka，2009）[71]，这就涉及了另一个重要的情境变量——吸收能力。如果说外部知识搜寻为产品创新提供了潜在可能性，那么对跨边界知识的吸收能力则成了创新产生的关键因素（Enkel和Gassmann，2010）[93]。吸收能力包括了对外部知识的获取、同化、转化和利用过程，其中获取、同化能力被统称为潜在吸收能力，转化、利用能力又被统称为实际吸收能力（Zahra和George，2002）[72]。两种吸收能力如何调节搜寻战略与创新绩效的关系，仍是一个值得进一步细究的问题。

宽度搜寻是一种更为宽泛和多样化的搜寻战略，取决于依赖外部资源的数量以及合作者的类型的多少；而深度搜寻是一种聚焦式的搜寻战略，强调知识资源的搜寻强度和专业性（Laursen和Salter，2006）。搜寻宽度越大，组织接触到的外部新知识就越多，它刻画了组织在多大范围内搜寻新知识；而搜寻深度越大，组织接触到的同类知识就越丰富，它刻画了组织在多大程度上重复利用现有知识（Henttonen和Ritala，2013）。宽度搜寻能够帮助组织获取更多的创造机会和思路，新思路、替代方案的出现为组织差异化优势提供了潜在的可能性；而深度搜寻能够帮助企业在有限的知识束上不断提升，同时降低错误和失败的可能性（Leiponen和Helfat，2010）。宽度搜寻使组织不断接触到不同领域的新知识，能够较好地扩展组织视野、提升战略柔性、拓宽创新网络范围、增加进取性和探索性；而深度搜寻使组织不断接触到相似领域的现有知识，能够较好地改进已有产品、降低生产成本、提升运营效率、促进渠道升级。通过以上对比分析，我们认为宽度搜寻能够通过外部新知识的获取提升技术、产品和服务创新性，提升组织战略柔性和创新性，有利于组织探索式创新绩效的产生；而搜寻宽度能够通过旧知识的重组改进现有技术、产品和服务，提升效率、降低成本以及升级渠道，有利于组织应用式创新绩效的产生。

然而，是否宽度搜寻、深度搜寻的力度越大，就越能够为企业带来更好的创新绩效呢？答案是否定的。从搜寻的关注基础理论（Attention Based Theory）（Li等，2013）以及搜寻成本视角（Search Cost View）（Henttonen和Ritala，2013）[27]来看，高层管理团队的搜寻关注度、搜寻成本是受到限制的，“过度搜寻”（Over Search）会耗用管理者的关注度和搜寻成本，使总的边际效用下降。另外，在适度搜寻条件下，宽度搜寻与深度搜寻是相互促进的，然而在过度搜寻的条件下，宽度搜寻与深度搜寻是相互抑制的。过度宽度搜寻虽然能获取多个领域的新知识、提升创新性以及促进组织探索式创新绩效，然而却受到关注度、成本和运作能力的限制，不能有效投入产品改进、效率提升以及渠道升级中，阻滞了应用式创新绩效的产生；过度深度搜寻虽然能够提升应用式创新绩效，却不利于探索式创新绩效的产生。

最后，在探讨知识搜寻与创新关系的时候，现有研究大多还停留在搜寻与创新关系的理论演绎阶段，对组织间的合作关系模式研究不足（Ocasio，

2011）[91]，未充分强调组织间关系的重要性（熊伟等，2011）[92]，单一关注搜寻对创新绩效的直接效应，而忽略了知识获取过程中的合作机制。跨组织边界的外部知识搜寻需要通过双方合作建立关系联结，进而获取外部供应商、客户和中介机构等渠道的新知识（Zhang和Li，2010）[69]。因此，双方合作模式的引入能够较好地弥补枢纽变量的缺失。Coombs和Metcakfe（2002）[26]认为合作模式的不同会直接影响外部搜寻带来的绩效表现，例如，在股权式合作与非股权式合作模式下，合作双方的合作周期、知识分享等方面都有着显著的不同。因此，在未来的外部搜寻研究过程中，有待进一步揭示和探讨组织间的合作机制在外部搜寻战略实施过程中的关键作用。

二、股权式与非股权式合作的理论基础与研究现状

（一）股权式与非股权式合作的理论基础

企业创新知识的发展在传统的封闭式研究（In-house Research）与研发（R&D）中是比较困难的，且研发周期长、成本高（Arikan，2009）[94]。为了优化研发过程，企业往往在外部搜寻知识，通过跨边界的外部知识获取提升研发效率（Chesbrough，2006）[17]。在该过程当中，企业会遇到一系列的合作伙伴（Neyer等，2009）[95]。企业合作是世界经济一体化发展的必然趋势，合作的双方通过组织之间的知识、信息流动来实现资源的优势互补和风险的共同承担（曹兴等，2010）[96]，并能够实现合作研发的规模经济，有效缩减费用，缩短研发期限，实现技术外部效应的“内部化”（许春和刘奕，2005）[97]。许多学者认为，通过不同的治理模式来管理外部知识交换是一件极具挑战性的任务（Van de Vrande等，2009）[98]，因为企业要在该过程中不断权衡外部知识搜寻所带来的利益与知识搜寻过程中所耗费的成本。Cowan和Jonard（2009）[99]认为该成本包括了资金成本、实践成本，以及搜寻、创造和维持知识资源所需要耗费的物质资源。例如，知识共享过程中，双方需要花费时间去交流各自的知识信息（Reagans和Mcevily，2003）[100]。Arikan（2009）[94]认为有效的知识创造需要企业花费时间、关注度和资源去发展与合作伙伴的关系，从而实现每一个知识束交换价值的最大化，有可能是企业创新行为产生和企业成功的基础。

股权式、非股权式合作相关理论研究视角主要包括：交易成本理论视角、知识基础理论视角、知识生命周期视角和技术范围视角等。以下将从几个视角分别展开介绍：

(1)交易成本理论视角

基于企业交易成本理论（Transaction Cost Theory）的观点，合作企业之间建立一种恰当的合作模式可以有效降低交易成本。一方面，可以保障交易的顺利进行，另一方面，可以降低交易过程中双方的机会主义行为和道德风险。另外，合作研发关系的建立有利于合作伙伴之间知识的交流和转移，特别是默会性知识、嵌入性知识的有效转移，充分利用知识的协同效应，提升知识的创造能力和企业创新能力。

许春和刘奕（2005）[97]认为企业间的合作研发包括了两个层面，第一个层面是利用已有的资源，即经过标准、系统的成本节约和当前所具备的知识、技术能力的扩展，加强合作伙伴之间目前所拥有资源的利用效率；第二个层面是开发新的资源，即通过企业的知识重组、创造或者发明，抓住新的市场机遇并取得高额回报。两个层面是相互作用的，一方面，合作伙伴之间利用已有的资源进行交流和叠加，一方从另外一方获取互补知识，即企业所不具备的知识，但在这种情况下只是实现了知识互补，没有新知识的产生；另一方面，新知识的创造则是合作企业之间的知识产生了协同效应，该过程需要合作伙伴之间进行反复的交流，其中的机会主义行为和道德风险等不确定性因素较高。交易成本理论认为，合作伙伴知识互补型的合作关系下的研发合作由于是知识的简单叠加，采用非股权式合作模式能够有效降低成本；而在知识协同效应存在的合作关系下，由于合作双方需要反复交流且不确定性因素较高，采用股权式合作模式能够增强交流的有效性以及降低机会主义行为和道德风险。

(2)知识基础理论视角

基于知识基础理论（Knowledge-based Theory）的视角，组织间的知识转移可以分成两种主要的形式：显性知识的转移和隐性知识的转移（Polanyi，2012[101]；Nonaka，1990[74]）。其中显性知识又可以称为可编码知识，这些知识是可以用书面语言、数字、图、表和公式等记载形式记录下来的，且在一般情况下，显性知识是可以有效交流和传播的，较容易从一方企业转移到另一方企业，且可由第三方验证，例如，专利、数据库、说明书、设计图、档案等都是显性知识；而隐性知识又可以称为不可编码知识或者默会知识，这些知识是无法通过常规的形式记载和传播的，它通常需要借助长时间的沟通交流、相互影响的形式才能实现知识的共享，从一方企业转移到另一方企业的成本较高，且第三方通常无法验证，例如，信仰、文化、思考方式、经验等都是隐性知识。

显性知识和隐性知识的不同特点，为合作伙伴之间合作模式的建立提出了要求。首先，显性知识的转移能够以书面形式记载，且知识转移的难度较低、周期较短，宜采用非股权式合作模式。一方面，非股权式合作模式的前期资本投入强度较低，能够有效缩减成本，另一方面，非股权式合作模式具有较好的组织弹性和灵活性，撤出成本较低，适合短期合作关系的建立。其次，隐性知识的转移不能借助常规的形式记载，而是需要通过长期反复的沟通交流、相互影响才能实现知识的共享，因此宜采用股权式合作模式。一方面，股权合作可以实现知识的长期深度沟通和交流，另一方面，股权式合作能够有效降低隐性知识转移过程中的机会主义行为和道德风险。

(3)知识生命周期视角

在知识生命周期的初始阶段，企业对合作的渴望要比研发周期中的其他阶段更为强烈（Cainaca等，1992）[102]，因为知识资源会经历一个知识兴起、初始发展、高速发展、成熟稳定和衰落淘汰的过程。在知识生命周期的前期阶段，未来知识发展的不确定性非常高，发展方向模糊，因此需要大量的外部互补知识，通过合作研发一方面可以缩短研发周期、快速进入市场、降低研发风险，另一方面，在技术的引入阶段，与其他企业合作共同研发能够尽可能准确地把握技术动态以及知识发展方向。而在知识生命周期的后期，知识的开发空间变得很小，知识的发展趋于稳定，企业可以通过外部知识的获取对其加以利用，在该种知识被淘汰前实现知识的最后收益。

在知识生命周期的前期，股权合作是企业间合作研发较好的选择，因为知识的不确定性很强，通过股权合作能够降低这种不确定性。而在知识生命周期的后期，非股权式合作拥有较好的灵活性，既能够获取和利用现有成熟知识，又可以防止知识淘汰给企业带来巨大损失。

（4）技术范围视角

技术范围指的是企业的技术配置，一般情况下包含了两种基本的策略：技术多元化和技术专业化（贾军和张卓，2012）[103]。其中，技术多元化是指企业拥有的技术知识多样化发展，而技术专业化是指企业所拥有的技术知识集中在较为狭窄的范围之内。在技术多元化的研发合作中，涉及的知识种类较多，其中默会知识和复杂性知识就会很多，这就导致了合作研发的机会主义行为和道德风险增加，合作的不确定性相对较高。而在技术专业化的研发合作中，所涉及的知识较少，相对风险较小。

相比而言，技术多元化合作研发适合采用股权式合作方式，有效提升了默会知识和复杂性知识的转移，以及降低了机会主义行为和道德风险的产生。而技术专业化由于不确定性和风险相对较小，可采用非股权式合作，一方面能够降低资本投入，另一方面能够增强合作研发的灵活性，防止企业在单一技术上长期投入，进而落入能力陷阱。

（5）股权式合作、非股权式合作对比分析

按照合作产权形式的不同，合作模式可以分成股权式合作与非股权形式合作，其中非股权形式合作又可以称为非股权式合作模式（Narula和Hagedoorn，1999）[104]。股权式合作是指合作的两个有法人资格的企业共同出资，对某一种产品、技术或者服务进行研发的行为，主要包括了双方对等持股的合资、并购以及不对等的相互持股等形式。而非股权式合作模式指合作的两个企业通过协议而非股本的方法进行技术合作，包括了联合产品、联合制造、合作研发等协议，以及特许、许可证、交叉许可证等传统方式。

曹兴等（2010）[96]利用案例分析的方式，从网络特征的研究视角分析了股权式、非股权式合作的网络特征，并认为股权式的合作相对比非股权式的合作网络异质性更低，稳定性、联结度、中心性更强，平均企业规模更多，但网络企业总数往往低于非股权式合作网络。

宋娟（2011）以534家中国企业为样本，验证了股权式合作的稳定性要高于非股权式合作的稳定性，股权式合作的网络联结度要高于非股权式合作的网络联结度，股权式合作的网络中心性要高于非股权式合作的网络中心性，股权式合作的知识转移绩效要高于非股权式合作的知识转移绩效。

股权式合作模式能够通过股权投入将合作双方的利益绑定在一起，从而保障了合作企业之间关系的紧密度，促进了组织间信任关系的建立。因此，股权式合作模式能够更好地促进组织间知识转移的深度和效率，特别是有利于复杂性知识的转移。股权式合作是一种长期的合作模式，能够有效降低合作过程中的机会主义行为和道德风险。另外，股权式合作模式利用股权分配大小能够合理掌握最终发言权，然而由于股权式合作模式初始投资大、合作双方磨合期长、退出成本高且风险较大的特点，导致其组织弹性较弱。

相比而言，非股权式合作模式往往无法触及合作双方重要的核心知识，合作双方之间是平等的。在知识转移方面，非股权式合作往往不能很好地实现默会性知识的转移，且由于合作通常是短时期的，合作过程中容易出现机会主义行为和道德风险。但是非股权式合作模式相比股权式合作拥有更好的灵活性、更高的效率和更低的风险，退出成本相对较低，组织弹性强。股权式、非股权式合作特征对比如表2-3所示。

表2-3　股权式、非股权式合作特征对比表

合作研发特征	股权式合作模式	非股权式合作模式
资本投入	高	低
紧密度	紧密	松散
组织弹性	低	高
磨合期	长	短
时间成本	高	低
知识转移效率	高	低
知识转移深度	高	低
稳定性	高	低
相互依赖性	强	弱
目的性	弱	强
合作周期	长	短
网络中心性	强	弱
机会主义行为	低	高
道德风险	低	高

（资料来源：作者整理。）

（二）股权式与非股权式合作的研究现状

在企业实施组织间合作的过程中，通过股权式合作与非股权式合作，能够形成企业分布式创新网络，利用两种合作模式的不同优缺点形成互补效应，帮助企业实现知识的有效转移。以下对分布式创新过程中的股权式合作与非股权式合作相关研究和发展动态予以陈述。

股权式合作模式通常由一家企业为主导，两个或者两个以上的企业共同出资而形成，有两种基本的形式：对等持股型和相互持股型。其中，对等持股型合作双方各持有50%的股权，这种合作模式的优点是能够充分发挥各个合作企业的知识优势，形成优势互补，从而加快研发进度并有效降低研发风险；缺点是该过程中容易发生默会知识的转移，而造成一方利益的最大化，损害了其他合作者的利益（宋娟，2011）[96]。相互持股型合作模式则是合作各方为了建立长期良好的合作关系而相互持有对方少数股份的合作形式，宋娟（2011）[96]认为相互持股模式适合主导企业以知识为基础的资源换取合作方以产权为基础的资源，与合资、兼并等不同的是，这种合作方式不涉及人员和设备等要素的合并。与股权式合作模式不同，非股权式合作模式则是两个或者两个以上的企业通过非股本方式的技术合作模式，常常以不涉及股本的契约形式建立关系，主要形式有单边契约与双边契约，其中单边契约有许可证、转包等形式，双边契约有技术交流、合作研发等形式。

1.股权式、非股权式合作的前因变量研究

Das和Teng（2000）[67]从资源基础观视角探讨了拥有不同类型资源的两个企业之间的合作形式的建立方式；双方都是资金资源的企业，适合单边契约的合作形式；双方都是知识资源的企业，适合双边契约合作形式；主导企业是知识资源而合作伙伴是资金资源的，适合互相持股的合作形式；主导企业是资金资源而合作伙伴是知识资源的，适合股权合资的合作形式。

边伟军（2004）[105]基于交易成本理论，以案例分析的方法，认为主要的合作成本取决于三个方面：资产专用性、机会主义行为和有限理性。其中资产专用性越高，组织间合作越倾向于选择股权式合作，在资产专用性较低

的情况下则考虑非股权式合作；在技术不确定性较高的情况下倾向于选择股权式合作，在技术不确定性较低的情况下倾向于选择非股权式合作；在行为不稳定性较高的情况下组织间合作倾向于选择股权式合作，在行为不确定性较低的情况下考虑非股权式合作；另外，资源的互补性越强，越可能选择非股权式合作。

郭焱（2004）[106]把资源、交易成本、风险控制等多个角度相结合，全面系统地分析了战略联盟合作形式的选择问题。从资源角度出发，企业投入的资源类型组合决定了组织间合作形式的选择偏好，伙伴之间资源的配置决定了绩效表现；从交易成本角度出发，交易成本越高，资产专用性越强，关系风险越大，组织间合作采用股权形式的偏好越大。

许春和刘奕（2005）[97]从知识基础视角考虑，认为当研发合作的知识具有可编码性、互补性和范围较窄的特性时，进行研发合作组织间的合作形式倾向于选择非股权式合作形式；而当研发合作的知识具有不可编码性、协同性和范围较宽的特性时，进行研发合作组织间的合作形式倾向于选择股权式合作形式。

2.股权式、非股权式合作的结果变量研究

唐璐（2007）[107]从联盟管理（成本风险、利益目标、组织文化、地理距离）、联盟资源（合作伙伴、硬件条件、关键资源流失、关键技术人才流失）、道德（信任、契约不完全、信息不对称）、能力（技术风险、技术基础、沟通能力、研发失败、组织学习、时间风险）等风险因素分析了股权式、非股权式技术联盟对技术创新能力的影响。结果表明，股权式技术联盟中管理风险和资源风险与技术创新能力有显著的相关关系，非股权式技术联盟中道德风险和能力风险与联盟企业的技术创新能力有显著的相关关系。

孙月华（2011）[108]在产业技术创新战略联盟过程中，提出了契约治理（正式契约）和关系治理（关系契约）并不能完全被替代，不管选择何种治理方式，两种机制都可同时发挥作用。关系质量是衡量联盟企业成员关系以及合作沟通的感知，包括了信任、承诺、满意、沟通、协调适应度、多样性和公平性等维度。其结论表明：同时利用契约治理和关系治理能够提升联盟关系质量，帮助股权式、非股权式联盟取得更好的绩效表现。

Michelino等（2015）[109]提供了一个专利的框架，研究了技术领域、双元创新与开放创新实践的关系。通过240家企业的样本调研，发现股权式合作企业之间能够很好地实现交流和知识转移，对主导企业的应用型创新有显著的促进作用；而非股权式合作企业间有较低的资源承诺，通过合作伙伴之间的相互影响和作用，能够帮助主导企业进入新的知识领域、新的想法和思路，对主导企业的探索式创新有较好的促进作用。

3.股权式、非股权式合作的中介效应研究

罗芳（2010）[110]以172家中国企业为样本，通过实证研究的方式，验证了合作模式在技术差异、政策支持与技术合作效益关系之间的中介作用。合作伙伴之间的技术差异越大，组织间的合作就越倾向于选择股权式合作，反之则越倾向于非股权式合作；受到政策支持越大，组织间的合作就越倾向于股权式合作；股权式合作对技术合作效应有正向影响，相反，非股权式合作对于技术合作效应有负向影响。

赵晓飞（2011）[111]把影响联盟机构模式选择的因素分为环境不确定性、分工明确性、资源依赖性、联盟经验等，研究其对交易成本和风险感知的作用，继而影响股权式、非股权式合作类型，并对联盟绩效产生影响。实证结果表明，交易成本和风险感知显著影响联盟结构模式的选择，股权式、非股权式合作在交易成本和风险感知上与联盟绩效之间有中介效应存在。

马荣康（2014）[112]以中国高新技术企业为样本，用计量经济学方法研究了我国创新网络的嵌入机制，高管团队的知识结构（教育水平和海外经验）对股权式创新网络有正向促进作用；而企业知识结构（技术知识异质性和国际市场经验知识）对非股权式创新网络有正向促进作用。股权式创新网络嵌入既可以通过网络强关系（直接联系）对企业对外直接投资产生积极的促进作用，也可以通过网络弱关系（间接联系）提升企业的出口绩效。然而，股权式创新网络嵌入与非股权式创新网络嵌入中的结构洞对企业外向国际化影响均不显著。

相关研究的代表变量、理论视角、研究方法等总结如表2–4所示。

表2-4 股权式与非股权式合作的相关代表研究表

代表研究	代表变量	作者	代表结论	理论视角	研究方法
1. 前因变量研究	财产资源、知识资源	Das和Teng (2000)[67]	主导企业为财产资源、合作伙伴为知识资源的适合股权合资的合作形式	资源基础理论	多重比较研究
	资产专用性、机会主义行为和有限理性	边伟军 (2004)[105]	资产专用性越高，越有利于股权式合作形式的建立	交易成本理论	案例研究
	资源、交易成本、风险控制	郭焱 (2004)[106]	交易成本越高，资产专用性越强，关系风险越大，组织间合作采用股权形式的偏好也越大	交易成本理论、资源基础理论	多阶段动态博弈
	知识可编码性、互补性、范围较窄	许春和刘奕 (2005)[97]	当研发合作的知识具有不可编码性、协同性、范围较宽的情况时，进行研发合作组织间的合作形式倾向于选择股权式合作	知识基础理论	比较研究
2. 结果变量研究	创新能力	唐璐 (2007)[107]	股权式技术联盟中，管理风险和资源风险与技术创新能力有显著关系	资源基础理论、能力基础观	实地研究
	企业绩效	孙月华 (2011)[107]	同时利用契约治理和关系治理能够提升联盟关系质量，帮助股权式、非股权式联盟取得更好的绩效表现	交易费用理论、资源依赖理论	案例分析
	探索式创新、应用式创新	Michelino等 (2015)[109]	股权式合作有利于应用式创新，非股权式合作有利于探索式创新	知识基础理论	实地研究

续表2-4

代表研究	代表变量	作者	代表结论	理论视角	研究方法
3.中介效应研究	技术差异、政策支持与创新合作效益	罗芳(2010)[110]	股权式、非股权式合作中介了技术差异、政策支持与创新合作效益之间的关系	交易成本理论、组织学习理论	实地研究
	交易成本、风险感知与联盟绩效	赵晓飞(2011)[111]	股权式、非股权式合作在交易成本、风险感知与联盟绩效之间有中介效应存在	资源依赖理论	实地研究
	企业知识结构、外向国际化	马荣康(2014)[112]	股权式、非股权式合作在企业知识结构与外向国际化之间有中介效应存在	知识基础观	计量研究

（资料来源：作者整理。）

4.股权式、非股权式合作的研究评述

基于相关理论和文献的回顾可以发现，目前关于合作模式与企业间合作创新的相关研究已经颇为丰富，但还存在一些不足之处有待后续发展和完善。

首先，现有研究中质性研究相对较为丰富，量化分析相对缺乏。目前，股权式、非股权式合作模式的质性研究已经相对成熟，包括了两种不同合作模式的属性特征、联系与区别、优势与劣势等。然而，两种不同的合作模式对企业间合作创新绩效的相关研究丰富的同时，量化研究相对缺乏。因此，在后续研究中，应当加强量化分析手段，包括实地研究、计量研究等研究方法。本书通过量化分析手段，考察股权式、非股权式合作创新模式对企业产品创新、工艺创新会造成怎样的影响，是否存在显著化差异，在一定程度上加强和丰富了股权式、非股权式合作理论量化研究的成果。

其次，立足交易成本理论，视角较为单一。股权式合作与非股权式合作的相关研究大多立足于交易成本理论，而在交易成本最小化的视角下，往往在强调机会主义行为和道德风险引起交易成本的同时，忽略了企业间合作的其他重要影响因素，如企业的战略导向、知识需求。因此，在后续的相关研究中，应当不仅仅限定于交易成本理论框架内，而是通过多个理论的交叉融合，更为全面地理解企业间合作过程中遇到的种种问题，从而为企业间合作绩效的提升提供更多的思考视角。本书通过交易成本理论与知识基础理论的碰撞，将两者融合在企业技术创新框架下，从一个更为全面的视角研究企业搜寻与合作模式对企业产品创新、工艺创新的影响。

三、产品创新与工艺创新的理论基础与研究现状

（一）产品创新与工艺创新的理论基础

创新可以有很宽泛的定义：开发一种新产品、新服务，或者是一种新技术，也可以是新的管理系统、新计划或者新工艺（Damanpour，1996）[113]。一个组织的创新可以从多个角度去分类，如产品创新与工艺创新、突变创新与渐进创新、模仿创新与原始创新、管理创新与技术创新，并没有一个普遍认可的统一分类。本书则着重于研究产品创新与工艺创新，这一分类最早由Schumpeter（1934）[114]提出，他认为产品创新是“引入一种消费者不熟悉的新产品或者新品质”，而工艺创新是“引入一种与生产制造过程相关的未曾尝试过的新方法，也可以是商品商业化的新路径”。后来经过不断发展，形成了较为完善的定义：产品创新是指技术上有变化的产品的商业化，通过为客户提供新的产品特征从而创造价值；工艺创新是指产品的生产技术的变革，它包括新工艺、新设备和新的组织管理方式，通过降低产品生产的边际成本，为公司创造价值（Cohen和Klepper，1996[13]；Gopalakrishnan和Damanpour，1997[14]；Langley等，2005[15]）。

产品创新与工艺创新相关理论基础可以从生命周期理论、平衡理论、竞争基础理论等视角来予以阐述。

1.生命周期理论（Life Cycles Theory）

生命周期理论认为产品和工艺都有着自己的生命周期，其中，产品的生命周期代表了产品发展过程中销售量和市场占有率的变化趋势，根据传统市场理论，它包括了产品的思路产生、引进、增长、成熟和衰退过程，随着Forrester（1977）[20]认识到产品生命周期理论的战略作用，此后，产品生命

周期变成了发展产品创新、工艺创新战略的重要参考指标和工具。而工艺是伴随着产品产生的，两者之间并非独立存在，而是相互依存，产品生命周期的开展促进了工艺创新生命周期的开展。随着产品生命周期的发展，市场逐渐趋于成熟，产品创新的空间在逐渐变小，导致产品创新的数量逐渐递减，而工艺创新是伴随产品创新出现的，伴随着工艺生命周期的发展，工艺创新经历了从不协调的（Uncoordinated）、分割的（Segmental）到系统的（Systemic）生命周期过程（Noori，1991）[115]。最著名的是Utterback和Abernathy（1975）[19]依据技术生命周期理论提出的著名A-U模型，产品创新先于工艺创新产生，经历先增长后下降的过程，而工艺创新伴随着产品创新产生，经历由低到高再到低的过程，如图2-1所示。

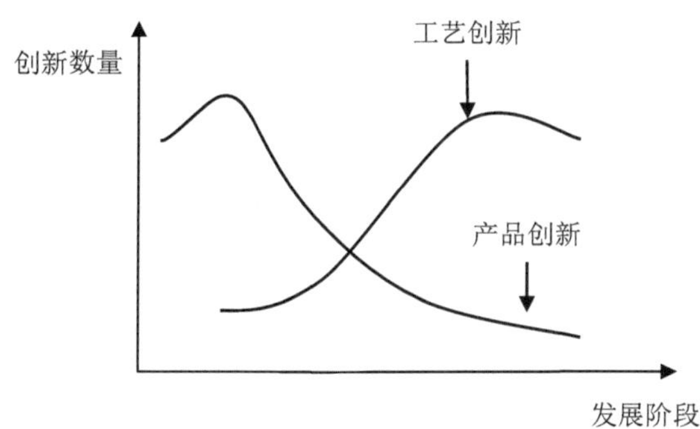

图2-1　A-U产业创新动态图

［资料来源：Utterback和Abernathy（1975）[19]。］

2.平衡理论（Balance Theory）

产品创新通过增强消费者购买意愿、提高价格的方式来提升企业绩效，工艺创新通过减少产品的边际成本，达到提升企业绩效的目的。产品创新和工艺创新都能够影响边际价格-成本，从而影响企业绩效，许多学者以此为出发点，认为产品创新与工艺创新之间的关系是互相促进、互相补充的，单一促进产品创新和工艺创新的任何一方，都不利于创新绩效的提升，而是要将两者结合起来，起到一加一大于二的协同效应。因此，一些学者从平衡理论视角出发，寻找产品创新与工艺创新之间的平衡，成为更好地促进企业创新绩效的关键影响因素，当产品创新与工艺创新达到某种平衡的状态时，产品创新与工艺创新能够共同作用，最大限度地提升创新绩效。例如，Kotabe和Murray

(1990)[21]认为产品创新与工艺创新之间的关系是错综复杂的，两者单独对企业绩效的直接促进效果并不明显，而两者的交互才是促进绩效的主要动力。从平衡视角出发，产品创新和工艺创新达到某种平衡的状态时，最有利于创新绩效的提升，平衡理论下的产品创新和工艺创新的关系如图2-2所示。

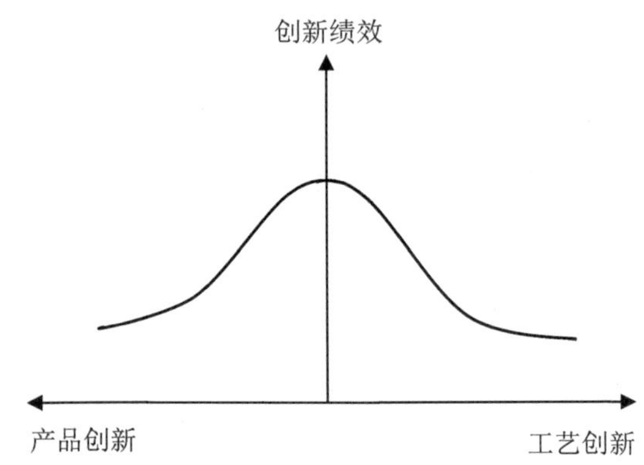

图2-2　平衡理论下的产品创新与工艺创新动态关系图

（资料来源：作者整理。）

3.竞争基础理论（Competition-based Theory）

竞争基础理论认为，在竞争缓和时，企业拥有较少的竞争对手和替代产品，整个行业的技术都在向单一主导技术发展，工艺创新是企业提升自身技术实力、向主导技术发展的可靠手段；而在高度竞争的市场环境下，往往存在多个主导技术，产品创新是满足客户需求、提升竞争优势的有效方式。Miller（1988）[116]和Porter（1985）[117]认为在缓和竞争环境下，企业应该集中精力加强规模效益建设，提升运作效率并减少或尽量降低产品创新相关研发的投入，通过实现规模效益、提升生产效率以及降低边际成本，为企业创造较多的经济效益。而在竞争强度较为激烈的环境下，Porter（1985）[117]建议企业应该加强产品创新强度，通过提升产品或者服务的特殊性、降低产品可替代性、满足客户需求的多样化来提升绩效。Shaw（1982）[118]以英国企业为样本的实证研究也表明，在高强度的竞争中，那些产品创新的企业要比工艺创新的企业表现出相对较好的绩效。杨慧军和杨建君（2015）[119]基于竞争基础观，验证了产品创新与竞争强度的交互项与企业绩效正相关，而工艺创新与竞争强度的交互项与企业绩效负相关。因此，基于竞争基础理论，在竞争强度较低时，企业应该更多地选择工艺创新而不是产品创新；相反，在竞争强度较高时，企业应该更多地选择产品创新而不是工艺创新。竞争基础理论下的产品创新和工艺创新的关系如图2-3所示。

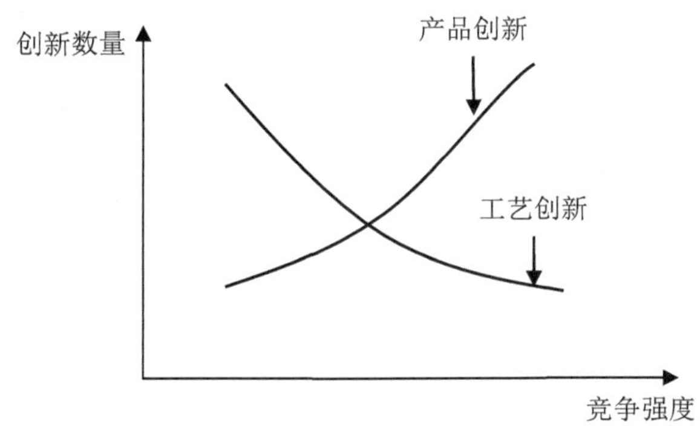

图2-3　竞争基础理论下的产品创新与工艺创新动态关系图

（资料来源：作者整理。）

（二）产品创新与工艺创新的研究现状

现有产品创新与工艺创新的相关研究可以分为三个主要方向：第一，产品创新与工艺创新前因变量的研究；第二，产品创新与工艺创新之间交互关系的研究；第三，产品创新与工艺创新对企业绩效的影响研究。下面将从这三个方面对现有相关文献做一梳理和总结，并在现有理论基础与文献研究的基础上对相关研究进行评述和分析。

1.产品创新与工艺创新的前因变量研究

影响企业产品创新与工艺创新的因素是多种多样的，按照企业边界范围来划分，可以将影响产品创新、工艺创新的因素大致分为两大类：组织外部因素和组织内部因素。

(1)组织外部因素

组织外部因素主要包括知识溢出、行业波动、出口市场、政府激励等，例如，Rouvinen（2002）[120]认为知识溢出是在制造企业中同时影响企业产品创新与工艺创新的重要因素，因为知识溢出决定了企业能享有其创新所带来的经济效益的能力和程度。溢出效应的增强会带来企业R&D水平的提高，从而企业可以更加有效地从外部环境中吸收知识（Cohen和Levinthal，1989[121]；Nesta和Saviotti，2005[122]）；Berchicci等（2013）[123]认为行业波动是影响企业产品创新、工艺创新的重要因素，并以622家意大利企业为样本，用实证研究方法验证了企业在行业衰退的环境下，更愿意选择产品创新而非工艺创新；Golovko和Valentini（2014）[124]利用西班牙1990—2002年的面板数据加以证实，发现出口市场是影响企业选择产品创新还是工艺创新的重要外部因素，实证结果表明，对于大型企业，进入出口市场会提升其工艺创新能力，而对于中小企业，进入出口市场会提升其产品创新能力；Chandran Govindaraju等（2013）[125]通过对2002—2004年期间的272家企业调研发现，政府通过免税激励机制能够直接促进企业产品创新能力的提升，然而对工艺创新能力的提升则没有明显帮助。

(2)组织内部因素

组织内部影响因素则主要包括企业规模、资本强度、多样化偏好、高管团队支持、客户导向、组织学习能力、创新能力、组织合作能力、战略导向、创新投资和企业年限等。这些影响因素会对公司选择产品创新和工艺创新的程度带来影响，如规模大的公司要比规模小的公司更倾向于工艺创新（Cohen等，1996）[13]，资本强度高的公司更倾向于选择工艺创新而不是产品创新（Cheng，2009）[126]，多样化偏好较强的公司倾向于选择产品创新（Cabagnols和Le bas，2002）[127]，高管团队支持、客户导向、创新能力强的公司倾向于选择产品创新，组织学习能力和组织合作能力强的公司倾向于选择工艺创新（Ar和Baki，2011）[128]，采取领先战略（Leading Strategy）的企业倾向于选择产品创新而非工艺创新，注重创新投资的企业倾向于产品创新与工艺创新的共同开展（Li等，2007）[129]。企业年限与产品创新、工艺创新之间都有显著的“倒U形”关系存在，其中工艺创新对企业年限的敏感度（Magnitude）更高（Cheng，2009）[126]。

2.产品创新与工艺创新之间的交互作用研究

Athey和Schmutzler（1995）[130]发现产品创新和工艺创新是互补性的，企业实施工艺创新的过程中会促进产品创新，当产品创新改变需求曲线的时候，企业将会选择工艺创新。Fritsch和Meschede（2001）[131]也认为两者是相互依赖的，产品创新会促进与之相配套的工艺创新，而工艺创新提高了产品创新的可能性。Hwang等（2015）[132]认为产品创新与工艺创新之间是互相促进的关系，并利用实证研究方法证实了同时实施产品创新与工艺创新的企业拥有更好的出口绩效。Bergfors和Larsson（2009）[133]通过案例研究发现，许多企业内部是存在双元结构的，不仅包括产品创新，还包括工艺创新，因此传统研究中将产品创新等同于研发机构的创新成果是不全面的，而要考虑产品创新和工艺创新之间的双元关系以及两者的交互作用。Kotabe和Murray（1990）[21]发现产品创新与工艺创新之间的交互作用对企业绩效的影响系数达到了0.63，工艺创新正向调节产品创新与企业绩效之间的关系。Utterback和Abernathy（1975）[19]从市场角度提出了产品创新与工艺创新的著名的A-U模型，认为产品创新先于工艺创新，经历了三个主要的阶段，即无序阶段、过度阶段和系统阶段。毕克新（2008）[134]从系统动力学角度构建了产品创新与工艺创新之间相互作用的动力学模型，认为工艺创新是推动技术创新实施的最初阶段。孙德花等（2010）[135]利用实证研究方法验证了中国制造业产品创新和工艺创新之间的协调水平仍处于相对较低的阶段。

3.产品创新与工艺创新对企业绩效的影响研究

产品创新和工艺创新都能够影响边际价格-成本，从而影响企业绩效，但是作用方式却有所差异，前者通过增强消费者购买意愿提高价格，后者通过减少产品的边际成本提升效益（Cohen和Klepper，1996[13]；Lin和Saggi，2002[18]）。Ar和Baki（2011）[128]以270家土耳其中小企业为样本，实证研究发现产品创新和工艺创新与财务绩效之间都表现出较强的相关性。Prajogo（2016）[136]考查了商业环境（动态性和竞争性）作为情景变量对产品创新、工艺创新与商业绩效之间关系的调节作用，通过对207家澳大利亚制造企业的实证调研，验证了环境动态性加强了产品创新与商业绩效之间的正向关系，环境竞争性则减弱了产品创新与商业绩效之间的正向关系，但是加强了工艺创新与商业绩效之间的正向关系。Hong等（2015）[137]以221家韩国企业为样本进行实证研究，结果表明，产品创新、工艺创新对企业绩效的提升有显著的帮助。黄先海等（2015）[138]利用中国企业大样本数据，通过构建计量模型，验证了产品创新、工艺创新都能够提升企业收益、克服因出口造成的固定成本，其中产品创新的促进作用要大于工艺创新的促进作用。然而，关于产品创新与绩效之间的关系，也有一些学者持相反意见，如Szymanski等（2007）[139]认为两者的关系是模糊的，并不存在显著的正向关系，甚至还存在负向关系，Gatignon等（1997）[140]以及Danneels等（2001）[140]发现产品创新与绩效之间仅存在微弱的正向关系，Meyer等（1986）[142]和Yap等（1994）[143]发现产品创新与绩效之间存在着显著的负向关系。我国学者姚山季等（2009）[144]利用Meta分析方法分析了相关研究结论，通过19篇文献36个效应值，发现产品创新与企业绩效之间的相关系数是0.234（$P<0.001$），即学者们普遍认可产品创新与企业绩效之间的正向关系。

产品创新与工艺创新的前因变量、交互作用以及对绩效影响的相关代表性研究总结如表2-5所示。

表2-5　产品创新与工艺创新相关代表性研究表

代表研究	代表变量	作者	代表结论	理论视角	研究方法
1.前因变量研究	知识溢出	Rouvinen（2002）[120]	知识溢出是在制造企业中同时影响企业产品与工艺创新的重要因素	知识基础理论	实地研究
	行业波动	Berchicci等（2013）[123]	企业在行业衰退的环境下，更愿意选择产品创新而非工艺创新	机会成本理论、产业生命周期理论	实地研究
	创新能力、组织学习能力和组织合作能力	Ar和Baki（2011）[128]	创新能力强的公司倾向于选择产品创新，而组织学习能力和组织合作能力强的公司倾向于选择工艺创新	社会资本理论、能力理论	实地研究
	企业年限	Cheng（2009）[126]	企业年限与产品创新、工艺创新之间都有显著的"倒U形"关系存在，其中工艺创新对企业年限的敏感度更高	技术生命周期理论	实地研究

续表2-5

代表研究	代表变量	作者	代表结论	理论视角	研究方法
2. 交互作用研究	R&D支出	Fritsch和Meschede(2001)[131]	产品创新、工艺创新是相互依赖的，产品创新会促进与之相配套的工艺创新，而工艺创新提高了产品创新的可能性	技术创新理论	实地研究
	出口绩效	Hwang等(2015)[132]	产品创新与工艺创新之间是互相促进的关系，两者共同作用，促进出口绩效	技术生命周期理论	实地研究
	创新结构	Bergfors和Larsson(2009)[133]	企业创新行为是双元结构的，要充分考虑产品创新和工艺创新之间的双元关系以及两者的交互作用	资源基础理论	案例研究
3. 对绩效影响研究	财务绩效	Ar和Baki(2011)[128]	产品创新和工艺创新与财务绩效之间都表现出较强的相关性	技术创新理论	实地研究
	财务、战略、客户价值绩效	Hong等(2015)[137]	产品创新、工艺创新对企业绩效的提升有显著的帮助	服务化理论	实地研究
	出口绩效	黄先海等(2015)[138]	产品创新、工艺创新都能够提升企业收益、克服因出口造成的固定成本，其中产品创新的促进作用要大于工艺创新的促进作用	消费者行为理论、组织行为理论	计量研究

（资料来源：作者整理。）

4.产品创新与工艺创新研究评述

产品创新、工艺创新作为技术创新的重点内容，一直以来都是实务界致力解决的问题，也是学术界长期以来重点关注的研究问题。经历了数十年的发展，相关研究已经在各个领域展开，并取得了丰硕的成果。针对上述产品创新、工艺创新的代表性文献总结，本书从三个方面对相关文献予以评述。

首先，产品创新、工艺创新的前因变量研究相对丰富，具体包括企业年限、规模、组织能力、行业波动、溢出效益等，这些前因变量的研究大多以企业为核心，研究企业内部或者外部可能对企业产品创新、工艺创新带来影响的关键因素。然而，较少有研究关注企业间合作要素对企业产品创新、工艺创新的影响，即从组织间合作视角探讨其前因变量。本书以此为出发点，考虑外部搜寻战略、组织合作模式对不同技术创新类型的单独影响，以及外部搜寻与组织合作模式的耦合关系对不同技术创新类型的影响。本书从企业间视角出发，探讨双方组织在产品创新、工艺合作研发过程中可能遇到的关键影响因素。企业间合作的视角为产品创新、工艺创新的前因变量相关研究提供了一个新的研究思路，并在一定程度上丰富了产品创新、工艺创新的前因变量研究。

其次，产品创新、工艺创新的相关研究大多基于A-U产业动态模型，从技术生命周期的视角审视产品创新、工艺创新的过程。然而，随着创新模式从传统的需求拉动、技术驱动、集成创新等发展到如今的分布式创新，企业的创新模式在发生变化，技术生命周期曲线也在发生变化，如吴晓波（1995）[145]认为在二次创新模式下，企业技术曲线不同于A-U模型所展示的技术曲线。本书认为，在分布式创新背景下，技术创新方式更为灵活和多样化，以分布式创新模式为背景研究企业在分布式创新下的合作创新，有利于揭示新形势下产品创新、工艺创新的特点。

最后，一些重要的情景要素有待进一步挖掘，无论是产品创新还是工艺创新，都要结合企业自身情景，如果孤立内外部环境，采取与企业自身能力、资源特征不匹配的创新方式，往往适得其反。基于此分析，本书在分布式创新过程中加入了嵌入性强度和吸收能力分别作为组织外部与内部的情景变量，在丰富不同情境下对产品创新、工艺创新方式选择的理论探讨的同时，也为企业管理具体实践活动提供了指导性建议。

四、嵌入性理论与吸收能力理论的研究动态

（一）嵌入性理论

在分布式创新模式下，通过分布式合作能够有效实现学习、知识获取、专利和研发水平的提升（Baum等，2000[146]；Vasudeva和Anand，2011[147]）。然而，却出现了一个有趣的管理问题，虽然全球化背景下企业间的合作越来越重要，采取合作创新的企业也越来越多，但是超过了50%的企业间合作是以失败告终的，其中一部分原因归咎于企业间关系处理方式不恰当（Das和Teng，2000[67]；Lokshin、Hagedoorn和Letterie，2011[68]）。在双方建立关系联结之后，双方联结的关系亲密度、关系稳定性、关系公平性、关系信任等的不同，都会影响新知识的获取和利用，进而影响技术创新表现。这样就涉及了另外一个重要的变量：关系嵌入性（Relational Embeddedness）。关系嵌入性最早由Granovetter（1973）[148]提出，描述了存在关系的主体双方之间的互动频率、关系质量、信任和承诺，用以衡量企业间双边关系质量的好坏。

目前，关系嵌入性的相关研究按照强联结、弱联结的作用方式不同，可分为四种主流的研究方向：正向关系、负向关系、“倒U形”关系和权变关系。其中，正向关系的相关研究强调强联结在企业间信任关系、知识交流与共享的过程中发挥着重要作用，从而有效促进企业创新能力的提升；“负向关系”的相关研究强调弱联结的信息桥作用，突出对异质性知识的获取，从而促进企业创新；“倒U形”关系的相关研究强调“锁定效应”与“过度嵌入”，认为过低和过高的关系嵌入强度皆不利于企业创新；权变关系的相关研究则注重关注不同环境下强联结、弱联结的各自作用。以下从四个方面对相关研究方向予以论述。

1.正向关系论述

Dyer和Nobeoka（2000）[149]对日本丰田汽车公司的案例研究发现，与供应商之间的联结关系处于弱联结的时候，双方之间的交流频率和强度较弱，知识共享几乎不存在。在强联结网络下，强联结关系能够有效促进供应商与企业之间的知识、信息交流，同时促进知识的共享和隐性知识的转移。因此，研究结果表明，关系嵌入强度越强，越有利于供应商与企业之间的互惠

性知识共享。

许冠南（2008）[150]按照Uzzi（1997）[151]对关系嵌入性的界定，从信任（Trust）、优质信息共享（Fine-grained Information）与共同解决问题（Joint problem-solving Arrangements）三个方面考察了关系嵌入性对技术企业创新绩效的影响，以228家浙江企业为样本，验证了关系嵌入性通过外部新知识的获取和应用，给技术创新绩效带来了显著的正向促进作用。

Kozan和Akdeniz（2014）[152]基于集体主义文化下的信任机制和国家制度支持，研究了以土耳其为代表的新兴经济国家的小商业网络中强联结、弱联结对生产力扩张和知识获取的影响。通过对92家土耳其企业的实证研究，结果表明强联结对生产力的扩张和知识的获取都有积极的促进作用，而弱联结对生产力的扩张和知识的获取都没有明显的作用。

樊钱涛（2015）[153]通过构建整合的研究模型分析了关系嵌入性与合作创新之间的关系，认为关系嵌入性能够增强合作伙伴之间的关系承诺和理解能力，减少行为不确定性和机会主义行为风险，从而促进专用性知识的共享，增强相互之间的信任和互惠行为，从而提升合作创新绩效，并以354家浙江企业验证了其假设。

简兆权和柳仪（2015）[154]基于嵌入性理论和网络能力理论，以华南地区243家企业为样本，验证了关系嵌入强度与创新绩效之间存在显著的正向关系。

2.负向关系论述

Granovetter（1973，1985）[155][148]提出具有影响力的“弱联结的力量”论点（Strength of Weak Ties Thesis），认为弱联结在传播信息或者资源方面要比强联结更具优势，因为弱联结可以充分发挥信息桥的作用，与没有联系的外部组织建立联结。而强联结在信息或者资源的传播效率上不具有优势，因为强联结网络中的许多个体对彼此之间有充分的了解。

Ruef（2002）[156]认为创新行为涉及新颖知识与已有知识之间的整合，从而将不相干的思路与已有的发展路线相结合。弱联结在异质性知识的转移效率和有效性方面要比强联结更具优势，另外，弱联结相比强联结有更好的可选择性、实验性和灵活性。因此，他认为弱联结相比强联结而言更能够促进企业创新行为的产生，通过对766家美国企业样本的分析，其假设得到了验证。

Perry-Smith（2006）[157] 整合了创新和社会网络理论，研究了外部关系与个人创新之间的关系，认为弱联结对企业个人层面的创新能力有着直接的促进作用，而强联结则扮演着中性作用，即外部关系网络中弱联结越多，越能够促进企业个人层面的创新能力。通过对97份网络调研案例的分析，验证了弱联结比强联结能够更好地促进员工的创造力，即关系嵌入强度与员工创造力呈现出负向关系。

3.“倒U形”关系论述

Uzzi（1997）[151] 最早提出了“嵌入性悖论”，即网络中的企业都通过强关系联结起来，会带来网络中企业的“锁定效应”，进入一种“过度嵌入”困境，从而导致关系嵌入强度与企业绩效之间呈现出“倒U形”关系。

Zhou等（2009）[158] 发现太多的弱联结和太少的弱联结都会导致较低水平的创新能力，而适当的弱联结数量有利于创新能力的提升，即弱联结的数量与企业创新能力之间呈现出“倒U形”关系。

赵莉等（2014）[159] 认为关系嵌入性收益与其蕴含的风险之间存在一个边界，当关系嵌入强度超过了一定的度之后，关系嵌入性所带来的收益将无法弥补其风险增加带来的损失，由此带来变革压力和战略惯性，导致嵌入主体的自主性丧失，削弱核心竞争能力。他们以135家山东企业为样本，验证了关系嵌入性与企业战略柔性、探索型学习能力之间的“倒U形”关系。

4.权变关系论述

Rowley等（2000）[160] 以半导体企业网络和钢铁企业网络为样本，分析了强联结和弱联结在合作网络当中的作用，通过实证研究发现：稀疏网络环境相比稠密网络环境下，强联结能够更好地促进绩效的提升；主导企业同直接合作伙伴的关系密度与探索式绩效呈正相关，与应用式绩效呈负相关；强联结的数量越多，越有利于企业应用式绩效的提升，而弱联结数量越多，越有利于探索式绩效的提升。

Levin和Cross（2004）[161] 以美国制药企业为研究对象，认为强联结能够产生善意的信任（Benevolence-based Trust）和基于能力的信任（Competence-based Trust），因此可以比弱联结接收更多的外部有用知识；然而，在善意的信任和基于能力的信任下，弱联结能够比强联结接收更多的外部有用知识。

Lavie（2007）[70] 认为强联结和弱联结在实现知识的转移方式和效率上存在较大的差异且各具优势：其中强联结提供了丰富有效的信息交换，有利于高质量信息和复杂知识的转移，为组织提供了一种合作关系的治理机制；而弱联结提供了多样化的信息资源，有利于充分发挥信息桥的作用，获取非冗余的知识信息。

Michelfelder和Kratzer（2013）[7] 通过德国R&D合作网络的深度个案研究，认为强联结能够有效地促进企业应用型创新的产出，而弱联结能够有效促进企业探索型创新的产出，单一的强联结、弱联结都不能同时提供应用型、探索型创新的产出，而强联结、弱联结的结合能够实现协同效应，两者共同使用的交互效应能够带来增益效果，且强联结与弱联结在个人层面的结合能够创造最好的效果。

5.嵌入性理论研究评述

综上分析，目前关于关系嵌入性与企业间合作创新的相关研究已经颇为丰富，但还存在一些不足之处有待后续研究和完善。

首先，关系嵌入强度在对企业创新的影响作用上尚未形成一致的结论，正向关系、负向关系、“倒U形”关系深化“关系嵌入悖论”的相关研究的同时，应当加强权变的研究视角，更深入地揭示关系嵌入性对企业创新的影响。权变的视角是未来关系嵌入强度相关研究的主要发展方向，有利于从一个新的角度揭示“关系嵌入悖论”。若能够对重要权变因素进行限定（如企业战略、合作模式），在限定前提条件下，探讨不同情景下关系嵌入强度的不同作用效果，得出的结论将会具有更高的可借鉴意义。因此，权变视角将是未来关系嵌入强度研究的重点。

其次，跨组织边界的外部知识搜寻借助供应商、客户和中介机构等渠道获取新知识，需要通过建立关系联结来实现（Zhang和Li，2010）[21]。根据合作双方的关系质量、关系信任、公平性和持久度等，可以将关系联结分为强联结和弱联结。其中，强联结双方拥有稳定、紧密的关系，能够使双方知识得到深度交流和沟通，并可以显著降低知识转移成本，促进组织间趋同；而弱连接有利于异质性、多样化知识的转移，虽然知识转移效率不如强联结，但是具有非冗余性，是新颖知识的重要来源（Michelfelder和Kratzer，2013）[29]。强联结、弱联结在知识转移上具有各自的优缺点，是组织在实施外部知识搜寻战略时不可忽视的情境因素。

例如，在宽度搜寻战略下，首先，宽度搜寻的组织会与外部供应商、客户、高校院所和中介机构等建立丰富的关系资源，弱联结能够最大限度地降低关系维持成本；其次，宽度搜寻的组织会遇到多种多样的新颖知识，而弱联结可以充分发挥信息桥的作用，在异质性、多样化知识转移方面有着明显的优势（Michelfelder和Kratzer，2013）；最后，弱联结具有非冗余性，是获取无冗余外部新知识的重要途径。具备以上三个优点，弱联结能够较好地帮助宽度搜寻战略下的企业提升创新绩效。相反，强联结在宽度搜寻战略下的维护成本高、知识冗余度高，不具备弱联结所拥有的优势。在深度搜寻战略下，首先，强联结建立在关系信任的基础上，能够增强知识转移意愿，将知识应用到技术提升和产品换代当中；其次，深度搜寻的组织强调搜寻的强度和知识的专业性，强联结有利于知识深度沟通，能够有效转移复杂知识和隐性知识（Aubert等，2012）；最后，强联结通常建立在契约基础之上（Bergenholtz，2011），能有效降低机会主义行为，增强知识转移的效率和效果（Low等，2012）。因此，在深度搜寻战略下，强联结能够更好地建立信任关系，并有效转移复杂知识和隐性知识，促进创新绩效的提升。相反，弱联结无法实现技术的深度沟通和交流，不利于深度搜寻战略的发挥。

最后，关系嵌入性理论的发展离不开与其他理论的碰撞与融合，目前关系嵌入性理论与知识基础理论的交叠较为突出，在未来的理论发展过程中，与其他理论（如外部搜寻理论、交易成本理论等）交叉融合与共同发展，摆脱理论的单一化趋势，将是关系嵌入理论发展的重要方向之一。通过理论之间的整合，将有利于关系嵌入理论与其他理论交叉融合与共同发展，有利于从一个更为全面的理论视角审视关系嵌入性实践活动。

（二）吸收能力理论

分布式创新为企业创新打开了一个新的模式，然而也对企业的外部知识吸收能力提出了新的挑战。拥有有效目标、强吸收能力和良好部署的企业，往往能够合理利用外部知识提升自身创新能力（Newey和Zahra，2009）[162]，但是许多资源往往是以跨边界的形式嵌入合作资源和日常活动当中的（Duysters和Lokshin，2011）[163]，这就要求企业做好内部研发（In-house

R&D）与外部研发（External R&D）相结合，而协调两者平衡的关键能力便是企业的吸收能力（Cassiman和Veugelers，2006）[164]。

吸收能力是一种评价、吸收和应用新知识的能力，最初由Cohen和Levinthal（1989）[121]将其概念化为R&D投入的副产品，通过溢出效益补充企业自身知识，并提升企业解决问题的能力。随后，Szulanski（1996）[165]在其基础上认为吸收能力同样也包括了学习能力和问题解决技巧，能够让企业吸收知识和创造技术知识。该技术知识能够让技术用户在正确的时间和地点发现正确的答案（Cegarra等，2014）[166]。Zahra和George（2002）[72]将吸收能力的概念予以拓展，按照其过程将吸收能力划分为以下阶段：获取（Acquisition）、同化（Assimilation）、转化（Transformation）和利用（Exploitation），其中获取和同化能力被称为潜在吸收能力（Potential Absorptive Capacity），而转化和应用能力被称为实际吸收能力（Realized Absorptive Capacity）。潜在吸收能力代表了一个企业通过外部关系网络跨组织边界获取外部知识和理解新知识的能力，而实际吸收能力代表了一个企业的可编码知识的储备量，具体体现在专利或者已有的产品能够将从合作伙伴那里获取和吸收的外部新知识与已存在的知识相结合，进行加工、提纯或者升级转化之后应用到企业的实践活动中。

吸收能力理论研究与实践能够迅速增长得益于其他一些与之有重叠的理论研究，如组织学习理论、战略联盟理论、知识管理理论、资源基础理论、认知行为理论和动态能力理论。Lane等（2006）[167]从组织学习视角提出了企业吸收能力的过程其实就是探索性学习（识别和理解外部新知识）、转化性学习（消化有价值的外部新知识）到利用性学习（应用消化的外部新知识）的过程。另外，Lane等（2006）[167]利用“主题分析法（Thematic analysis）”分析了吸收能力研究的相关文献，探索不同研究结构之间的关系，该研究确定了七个主题：其中三个主题包括了前因变量或者吸收能力产出的静态特征，由知识、组织结构和组织范围构成；另外三个主题包括了与吸收能力有循环关系的动态特征，由组织学习、组织间学习和创新构成；最后一个主题是吸收能力的构念定义与测量。由于该主题脉络较为清晰且较为全面地概述了与吸收能力相关的研究主题，按照Lane等（2006）[167]对吸收能力相关研究主要脉络的梳理，我们从知识类型、组织结构、组织范围、组织间学习、组织内学习和创新等六个方面对吸收能力的最新研究予以简述。

1.认知类型与吸收能力

认知类型的相关研究主要关注知识特征对企业吸收能力的影响，其中包括认知距离、认知内容，以及复杂性、相似性和可编码性等特征。例如，Egbetokun和Savin（2014）[168]运用比较静态分析（Comparative Statics）方法考察了认知距离与吸收能力之间的关系，即随着合作双方组织间认知距离的增大，企业能够不断地通过外部异质性知识补充其知识储量并提升其知识吸收能力，但是当认知距离达到很大时，就会产生理解问题（Understandability Problem），造成外部知识吸收困难，从而抑制了吸收能力的提升，因此，认知距离与吸收能力之间存在“倒U形”关系。Mursitama（2011）[169]以68家日本制造企业为样本，研究了知识的可编码性对企业实际吸收能力的影响，实证研究结果表明，知识的编码性与实际吸收能力之间有显著的正向关系。Schildt、Keil和Maula（2012）[169]以107家美国企业为样本，验证了技术相似性与吸收能力之间存在显著的正向关系，但是该促进作用发生在合作的前期，在合作的后期并不明显。

2.组织结构与吸收能力

组织结构与吸收能力关系的相关研究主要涉及组织的结构特征和属性设定等。例如，Jansen、Van Den Bosch和Volberda（2005）[171]考察了下属员工参与企业决策（Participation）、工作轮换（Job Rotation）、正规化（Formalization）、程序化（Routinization）、社会连通性（Social Connectedness）等对企业吸收能力的影响，以462家欧洲企业为样本，验证了下属员工参与企业决策、工作轮换、程序化、社会连通性等能够有效提升企业对外部新知识的潜在吸收能力和实际吸收能力，而企业正规化能够有效提升企业的实际吸收能力，对潜在吸收能力的提升没有效果。Mursitama（2011）[169]以68家日本制造企业为样本，研究其合作过程中经理人本土化方针（Localization Policy of Managers）对实际吸收能力的影响，实证研究结果表明，经理人本土化能够正向促进企业实际吸收能力的提升。

3.组织范围与吸收能力

组织范围与吸收能力的关系研究主要关注组织的网络规模、企业边界以及社会资本等因素的大小。例如，马国勇等（2014）[172]以我国420家高新技

术企业为样本，研究了企业网络规模与吸收能力之间的关系。其中，网络规模被界定为高新技术企业与外部组织联结的范围和数量，属于广度范畴。实证研究结果表明，网络规模与高新技术企业的相对吸收能力有显著的正向关系。解学梅和左蕾蕾（2013）[173]以长三角地带379家电子信息企业为样本，考察了企业协同创新网络特征与吸收能力之间的关系，实证结果表明，企业的网络规模越大，其对知识获取、同化、转化和利用的能力就越强，即网络规模与潜在吸收能力和实际吸收能力都有显著的正向关系。

4.组织间学习与吸收能力

组织间学习的相关研究主要关注组织间的学习特征、方式等对企业吸收能力的影响。例如，Xia（2013）[174]考察了349家来自美国、英国、法国和德国的生物制药企业的组织间关系对吸收能力的影响，验证了探索型的组织间学习关系有利于企业潜在吸收能力的提升，而应用型的组织间学习关系有利于企业实际吸收能力的提升。邢蕊、王国红和唐丽艳（2013）[175]以大连市5个国际科技企业孵化器中的155家企业为样本，探讨了组织学习与技术吸收能力之间的关系，其中组织学习从学习自主性和学习开放性两方面来划分，实证研究结果表明，学习自主性、学习开放性表现越强的企业，其技术吸收能力也越强。

5.组织内学习与吸收能力

组织内学习与吸收能力的关系研究主要体现在企业内部各个职能部门之间的交流、知识共享、学习气氛等对企业吸收能力的提升作用上。例如，Jansen、Van Den Bosch和Volberda（2005）[176]考察了组织内部各个部门之间的跨职能部门交流学习（Cross-functional Interfaces）对企业吸收能力的影响，以462家欧洲企业为样本，验证了跨职能部门之间的交流学习能够有效提升企业对外部新知识的实际吸收能力（转化和应用能力）。Mursitama（2011）[169]以68家日本制造企业为样本，研究其白领、蓝领员工的内部培训对企业实际吸收能力的影响，实证研究结果表明，员工的内部学习有利于企业实际吸收能力的提升。

6.创新与吸收能力

创新与吸收能力的相关研究主要关注创新的类型、方式和绩效表现等。例如，Najafi-Tavani等（2013）[177]以161家伊朗制造企业为样本，用工人的知识、经理人的知识、通信网络、沟通气氛以及知识扫描等因素衡量企业的知识吸收能力，研究结果表明，企业的吸收能力越强，其新产品研发绩效的表现就越好。Gong和Zhou（2013）[178]考察了中国通信、软件、系统集成、计算机、生物学技术、药物技术、网络和增值服务等148家企业，验证了企业的实际吸收能力（转化和应用能力）在核心知识员工创造力转化为企业绩效的过程中扮演的重要角色，认为实际吸收能力强的企业能够轻易捕获核心知识员工的创造力，并将其转化和应用到企业当中，最终提升企业的新产品市场绩效。Ahlin、Drnovsek和Hisrich（2014）[179]探讨了吸收能力与社会网络的交互作用对企业创新方式的影响，用实证研究的方法，以314家美国企业、400家斯洛文尼亚企业为样本，验证了企业的吸收能力与企业家关系网络之间的交互作用对企业的产品创新、工艺创新都有显著的正向促进作用。Ritala和Hurmelinna-Laukkanen（2013）[180]探讨了在合作关系中企业潜在吸收能力对突变型（Radical）、渐进型（Incremental）创新的影响，以213家芬兰企业为样本，通过实证研究的方法，验证了潜在吸收能力对合作过程中的渐进型创新有促进作用，而对突变型创新的促进作用在专用性较高的情况下才显现出来。Su等（2013）[181]研究了企业吸收能力对产品创新性（Product Innovativeness）的影响，以212家中国企业为样本，验证了企业吸收能力与产品创新性之间的正向关系。Tsai（2009）[182]通过实证研究发现，吸收能力正向调节垂直式合作与新技术产品绩效之间的关系，且吸收能力的调节作用受到企业规模和行业类型的限制。Fosfuri和Tribó（2008）[183]检验了潜在吸收能力的前因变量和它对创新绩效的影响，发现了潜在吸收能力对提升企业创新能力有着关键的作用。考虑到企业间吸收能力是一种互动过程，吸收能力从组织间和组织内视角又可以划分为相对吸收能力和实际吸收能力两个维度：相对吸收能力不仅取决于自身，也取决于合作对象的特征，如组织间知识基础相似性、组织结构相似性、价值观兼容性和支配逻辑相似性都是影响相对吸收能力的重要变量。绝对吸收能力是指由企业内部因素决定的对外部知识的搜寻、获取、消化、转化和应用的能力，是企业的内部能力，其影响因素包括企业知识存量、研发人员实力、组织学习能力和组织创新氛围等。

知识交换嵌入在组织间学习活动当中，企业需要把已有的旧知识与新知识进行结合，在这个过程中企业不断权衡外部知识搜索带来的利益和涉及的成本，而协调两者之间平衡的能力被称为吸收能力。吸收能力可以减轻外部搜索过程中的潜在威胁或风险，帮助企业跨越组织和技术边界来吸收外部知识。现有研究表明，吸收能力是影响创新产出的重要因素，能够影响合作过程中的知识转移效率和知识整合效果，在合作关系中，吸收能力强的企业可以更好地利用外部知识来提高其创新能力。

7.吸收能力理论的研究评述

基于上述理论与文献回顾，我们发现吸收能力理论的研究已经趋于成熟，与吸收能力理论有交叉或者叠加的一些重要理论研究，包括组织学习理论、战略联盟理论、知识管理理论、资源基础理论、认知行为理论、动态能力理论等，这些理论之间的交叉与整合的相关研究较多，且相关文献颇为丰富，但在吸收能力与企业创新的关系研究相关文献中仍存在以下不足：

以往吸收能力与企业创新的关系研究中，更多地把企业创新看作一种“创新性”或者“创造力”，然而，创新按照各个维度的不同有多个划分方式，如产品与工艺、探索与应用、自主与模仿。通过将创新方式打开，探讨潜在吸收能力、实际吸收能力对不同方式的企业创新之间的不同影响，将会有更强的理论和现实意义，这也是本书关注的一个重点。

Zahra和George将吸收能力定义为获取、同化、转化和利用外部知识的过程，其中获取和同化能力构成“潜在吸收能力”，是一种外部能力，体现在企业与外部的联结与沟通上；转化和利用能力构成“实际吸收能力”，是一种内部能力，体现在企业自身的研发实力上。潜在吸收能力和实际吸收能力有着不同的特征，涉及不同的组织策略。因此，本书认为有必要分别探讨两者的调节效应。

股权合作伙伴之间知识整合的有效性是相对较高的，知识的获取过程相对简单，并且合作各方建立在良好的沟通基础上，同化和理解过程较为容易，在一定程度上能够弥补潜在吸收能力的不足。但是股权合作中伴随着大量复杂性知识和隐性知识的共享、转化和利用的过程，实际吸收能力便显得尤为重要。实际吸收能力是企业的内部能力，具体体现在企业的知识存量、研发人员实力、组织学习能力和组织创新氛围上，实际吸收能力强的企业能够更好地开展转化性学习（消化有价值的新知识）到利用性学习（应用消化的新知识），能够更好地处理复杂性知识和隐性知识，促进新知识的形成。

而在非股权合作过程中，由于实际吸收能力反映了企业内部自身的各项能力，如知识和技术存量、内部研发能力、人力资本等，它更容易被外部观察者发现和识别。因此当一方的实际吸收能力较强时，会被其他非股权合作参与者视为一种威胁，从而激发知识保护机制，减少了知识共享行为，增加了专有性知识获取的难度，导致不对称学习和信任的剥离。相反，潜在吸收能力是一种外部能力，通过加强沟通与协作，使合作伙伴更容易形成战略共识，并使任务更好地分离，减少合作过程中的知识泄漏和机会主义行为，提升创新的协同效应。潜在吸收能力有助于非股权合作伙伴之间建立共同对未来变化的感知，加强沟通与协作及知识整合的有效性。此外，有较强的潜在吸收能力的企业能够深入洞察市场变化，快速捕捉市场需求动态，识别同行业的先进技术，与非股权合作灵活的特点相契合。因此，本书认为情境因素在分析吸收能力的作用时扮演着重要的角色。

例如，外部知识搜寻战略涉及对外部知识的重新组合与创造，需要组织有识别外部知识价值的能力，而这种能力被称为组织的吸收能力（Grimpe和Sofka，2009）。如果说外部知识搜寻为产品创新提供了潜在可能性，那么对跨边界知识的吸收能力则成了创新产生的关键因素（Enkel和Gassmann，2010）。吸收能力能够缓和外部搜寻过程中潜在的威胁或风险，帮助企业跨越组织边界和技术边界（Rothaermel 和 Alexandre，2009）。增加自身吸收能力的组织，往往能更好地促进网络搜寻带来的创新绩效（Huang 和 Rice，2009）。吸收能力包括了对外部知识的获取、同化、转化和利用过程，其中获取、同化能力组成了组织的潜在吸收能力，而转化、利用能力组成了组织的实际吸收能力（Zahra和George，2002）。前者注重知识的获取、翻译和理解能力，后者注重知识的转化、加工和利用能力，两种不同的知识吸收能力在搜寻战略中扮演的作用不尽相同。在宽度搜寻战略下，组织的实际吸收能力更为关键。在宽度搜寻的过程中，组织会从供应商、客户、中介机构、高校、科研院所等处获取到各种各样的新知识，其中许多的新知识往往与企业自身旧知识的关联性不大。如何将新知识转化成企业可利用知识，并且将其利用于企业产品、服务或技术当中，成了能否创造绩效的关键（Leal-Rodríguez等，2014）。这里转化、利用外部新知识的能力即组织的实际吸收能力，它是将外部新知识转化为创新产出的能力（Fosfuri和Tribó，2006），实际吸收能力越强的组织，能够越多地将外部获取的新知识市场化，因此也能够较好地促进宽度搜寻战略与创新绩效之间的正向关系。

在深度搜寻战略下，组织的潜在吸收能力更为重要。深度搜寻是对已有的产品、服务或者技术更为深入的搜寻，从外部获取更加专业化、复杂化的相关领先知识，并将其与现有的知识库融合，通过知识的重组达到技术更新和产品与服务升级的目的。深度搜寻战略下，组织是否有与合作伙伴深度沟通、获取外部关键知识，并且将这些知识同化成可理解知识的能力则显得尤为重要（Enkel和Heil，2014）。获取、同化的能力即为组织的潜在吸收能力，潜在吸收能力强的组织能够获取更多的外部相关知识，实现旧知识的重组和更迭，能够更好地促进深度搜寻与创新绩效之间的正向关系。

综上分析，我们认为实际吸收能力较强的组织通过宽度搜寻战略能够得到更好的创新绩效，而潜在吸收能力较强的组织通过深度搜寻战略能够得到更好的创新绩效。

在研究吸收能力与企业创新之间的关系时，在关注两者直接作用关系的同时（如Najafi Tavani等，2013[177]；Gong和Zhou，2013[178]；Ritala和Hurmelinna-Laukkanen，2013[180]；Su等，2013[181]），应当加入权变的视角，在限定前提条件下（如战略目标、合作模式、创新内容），探讨不同吸收能力对企业创新的不同作用，将具有更强的真实性、可靠性与可借鉴性。因此，权变视角的引入将成为吸收能力理论未来发展的一个趋势。

五、相关文献评述

外部知识搜寻能够使组织获取关键信息资源，帮助组织适应环境转变，提升自身的创新能力（Leiponen和Helfat，2010）。外部知识搜寻程度越高，越能够为组织带来更多的发展机会和创新空间（Leiponen和Helfat，2010）。按照维度的不同，外部知识搜寻可以从搜寻宽度和搜寻深度两个方面来度量，前者代表组织探索不同的领域、多样的外部技术资源所涉及的广泛程度，后者是指组织开发每一束外部技术资源所表现出的强度和重复性（Chiang和Hung，2010）。该划分方式是目前学者较多采纳的一种划分方式，也是本文所采用的外部知识搜寻战略划分方式。

外部知识搜寻与创新绩效之间的效应关系研究在国内外都已开展，但在结论上存在诸多差异，主要是外部知识搜寻与创新绩效之间“线性”与“非线性”关系的差异，例如，Katila和Ahujia（2002）以北美和欧洲企业为样本，验证了搜寻深度与新产品研发之间存在“倒U形”关系；Phene等以美国企业为样本，发现搜寻地理距离与突破创新存在“倒U形”关系；Laursen和Salter（2006）以英国企业为样本，验证了搜寻宽度、搜寻深度与创新绩效呈“倒U形”关系；Wu（2013）以1262家中国台湾企业为样本，验证了搜寻宽度与产品创新之间的“倒U形”关系。而以中国大陆企业为样本的研究则支持“线性”关系，例如，宋晶等发现网络化的知识搜寻与企业合作创新绩效有显著的正相关关系；张峰和刘侠（2014）验证了搜寻宽度、搜寻深度与创新绩效的正向线性关系；缪根红等（2014）验证了外部新知识搜寻宽度、外部旧知识搜寻宽度、外部旧知识搜寻深度与创新绩效之间的正相关关系；邬爱其等假设搜寻深度与产品创新绩效之间是“倒U形”关系，然而数据表明两者之间是正向线性关系；此外，Leiponen和Helfat（2010）以芬兰制造企业为样本，同样验证了搜寻宽度与创新绩效的正向线性关系，并未发现边际效益递减。综上所述，现有实证研究在结论上仍存在诸多不一致，后续研究仍需开展。本文认为，创新绩效是一个相对宽泛的创新产出衡量方式，对其进一步细分，从探索式创新绩效、应用式创新绩效两方面来衡量创新绩效，有利于进一步揭示现有研究结论的不一致现象。

现有研究单一关注搜寻对创新绩效的直接影响效应，忽视了知识获取过程中关系联结的纽带作用（熊伟等，2011）。跨组织边界的外部知识搜寻，需要通过建立关系联结获取外部供应商、客户和中介机构等渠道的新知识（Zhang和Li，2010）。根据联结的关系质量、关系信任、关系稳定性等的不同，联结可以分为强联结和弱联结，两者在实现知识的转移方式和效率上存在较大差异：其中强联结提供了丰富有效的信息交换，有利于高质量信息和复杂知识的转移；而弱联结提供了多样化的信息资源，有利于获取非冗余和隐性知识（Lavie，2007）。将联结强度作为情境变量引入模型，探讨强联结、弱联结条件下外部知识搜寻战略对创新绩效的影响，有利于将搜寻理论与网络嵌入性理论相联系，该研究仍是一个较为新鲜的话题。

吸收能力作为研究外部知识搜寻与创新绩效关系时不可或缺的情境因素，仍有进一步的研究空间。吸收能力能够更好地实现知识可用量到创新绩效的转化，能够更好地促进外部知识搜寻所带来的创新绩效。例如，Rothaermel和Alexandre（2009）以美国制造业为样本，发现吸收能力能够加强双元搜寻与创新绩效之间的关系；Grimpe和Sofka（2009）以欧洲企业为样本，发现那些增加研发投入来提升自身吸收能力的企业，其市场驱动型搜寻能够带来更好的绩效表现。吸收能力包括了对外部知识的获取、吸收、转化和利用，其中获取、同化能力被统称为潜在吸收能力，转化、利用能力又被统称为实际吸收能力（Zahra和George，2002）。这两种吸收能力如何分别调节搜寻战略与创新绩效的关系，仍是一个未知的问题，本书按照Zahra和George对吸收能力的细分，更进一步丰富了吸收能力的调节效应研究。

承接上一章的问题和内容要求，本章重点对研究内容中所涉及的相关概念、理论和研究动态予以梳理和评述，为下一章概念模型的构建与假设的提出奠定基础。

本章在对企业分布式创新模式下的外部搜寻、合作模式、技术创新、关系嵌入强度和吸收能力的相关理论基础和最新研究进行了重点归纳、梳理和总结后，指出了现有相关研究的欠缺和不足之处，在此基础上明确了本书研究的切入点。基于现有理论和相关文献的分析，我们认为分布式创新模式下的搜寻战略、合作模式对企业产品创新、工艺创新会有不同程度的影响，且在此过程中，吸收能力和关系嵌入强度会对知识转移的效率产生影响，是重要的情景变量。在接下来的四章中，笔者将通过理论演绎、实证研究的方式，检验分布式创新过程中不同的搜寻战略、合作模式如何影响企业产品创新、工艺创新，以及关系嵌入强度与吸收能力有着怎样的调节效应。

第三章

概念模型的构建与假设的提出

一、概念的界定

在本书中一共涉及如下几个关键的研究要素：技术创新（包括产品创新和工艺创新）、外部搜寻战略（包括宽度搜寻战略和深度搜寻战略）、合作模式（包括股权式合作和非股权式合作）、关系嵌入强度以及吸收能力（包括潜在吸收能力和实际吸收能力）。在构建概念模型之前，我们首先给出各个核心要素的内涵以及在本书中的具体概念界定。

1.产品创新与工艺创新的界定

在诸多技术创新战略中，产品创新与工艺创新是现在创新文献中备受关注的一种划分方式（Jayanth等，2014）[184]，两者都能够影响边际价格-成本，从而影响企业绩效，前者通过增强消费者购买意愿来满足潜在客户的需求，后者通过减少产品的边际成本来提升效率（Cohen和Klepper，1996[13]；Lin和Saggi，2002[18]）。这一分类最早由Schumpeter（1934）[114]提出，他认为产品创新是“引入一种消费者不熟悉的新产品或者新品质”，而工艺创新是“引入一种与生产制造工艺相关的未曾尝试过的新方法，也可以是商品商业化的新路径”。后来经过不断发展形成了较为完善的定义：产品创新是指技术上有变化的产品的商业化，通过为客户提供新的产品特征从而创造价值；工艺创新是指产品的生产技术的变革，它包括新过程、新设备和新的组织管理方式，通过降低产品生产的边际成本来为公司创造价值（Gopalakrishnan和Damanpour，1997[14]；Langley等，2005[15]）。产品创新使企业能够提升产品多样化程度，降低产品可替代性，满足市场需求，并能够有效提升短期绩效（Lambertini，2010）[185]；而工艺创新使企业能够提升运营效率，改进运作方案，降低生产成本，并为企业带来价值提升（Ar和Baki，2011）[128]。产品创新与工艺创新并非孤立存在的，它们可以存在于同一企业的同一阶段，共同为企业创造价值。

本书探讨在分布式创新背景下，企业不同的搜寻战略与合作模式给产品创新与工艺创新带来不同的作用效果。在此情境下，基于研究的内容要求，结合前人的研究成果，本书对产品创新、工艺创新的概念做出如下界定：制造类企业创新的表现，可以是向市场推出全新的产品体验，也可以是对生产工艺的流程再造。前者可称为产品创新，通过降低产品替代率、加强购买意愿的创新方式，在短期内创造巨大的溢出效益，但是往往不具备长期竞争的优势；后者可称为工艺创新，通过加强生产过程、提升运作效率的创新方式，短期内无法带来巨大的溢出效益，但是具备很强的长期优势。

2. 宽度搜寻战略与深度搜寻战略的界定

外部搜寻的方式有很多种，但无论探索式搜寻、应用式搜寻，单焦点式搜寻、多焦点式搜寻，还是本地搜寻、非本地搜寻，或者是何种跨边界的搜寻都无法回避搜寻行为中“度”的问题——宽度与深度（Katila和Ahujia，2002[60]；肖丁丁，2013[86]）。其中“宽度”是指企业搜寻外部资源的多样性，而“深度”是指对某一资源的搜寻强度。本书将外部搜寻从宽度搜寻、深度搜寻两方面来展开，探讨两者对企业产品创新、工艺创新行为的作用关系，该研究有利于揭示现有研究中搜寻与创新关系的结论不一致现象。

根据Laursen和Salter（2006）[59]的观点，宽度搜寻是一种更为宽泛和多样化的搜寻战略，取决于依赖外部资源的数量以及合作者类型的多少；而深度搜寻是一种聚焦式的搜寻战略，强调知识资源的搜寻强度和专业性。Henttonen和Ritala（2013）[81]认为搜寻宽度越大，组织接触到的外部新知识就越多，它刻画了组织在多大范围内搜寻新知识；而搜寻深度越大，组织接触到的同类知识就越丰富，它刻画了组织在多大程度上重复利用现有知识。

Leiponen和Helfat（2010）[56]认为宽度搜寻能够帮助组织获取更多的创新机会，有利于新思路、替代方案的出现，为组织差异化优势提供了潜在的可能性；而深度搜寻能够帮助企业在有限的知识束上不断提升，同时能够降低错误和失败的可能性。Rosenkopf和Nerkar（2001）[83]认为搜寻宽度考量了搜寻行为所涉及外部知识源和渠道的数量，而搜寻深度考量了组织重复利用外部知识源和渠道的程度。

按照本书所研究内容的要求以及以往学者研究的理论基础，本书对宽度搜寻战略和深度搜寻战略的概念做出如下界定：搜寻战略是企业内部知识、技术等资源无法满足自身需求时，通过分布式创新的方式从外部搜寻合作伙伴，实现优势互补的过程，其按照搜寻的宽度和深度不同可以分为宽度搜寻战略和深度搜寻战略，其中宽度搜寻战略侧重于外部知识、技术等搜寻的多样化，是一种宽泛性搜寻，而深度搜寻战略则侧重于某些特定知识束的重复性，是一种高强度搜寻。

3.股权式合作与非股权式合作的界定

由于外部搜寻的知识通常存在默会性与嵌入性，主导企业很难吸收和利用这种知识，在这种背景下，主导企业需要同重要知识持有者建立一种产权组织形式，主要包括股权式合作、非股权式合作以及基于双方信任的互惠性关系（叶江峰等，2013）[50]。本书着重讨论两种较为正式的合作模式：股权式合作模式与非股权式合作模式（Narula和Hagedoorn，1999）[104]。股权式合作模式指合作的两个有法人资格的企业共同出资进行合作，对某一种产品、技术或者服务进行研发的行为，主要包括了双方对等持股的合资、并购以及不对等的相互持股等形式。而非股权式合作模式指合作的两个企业通过协议而非股本的方法进行技术合作，包括了联合产品、联合制造、合作研发等协议，以及特许、许可证、交叉许可证等传统方式。陈学梅（2003）对两种合作模式的具体不同形式做了细致的分类，其中非股权式合作关系包括联合R&D、联合产品、长期采购、联合制造、联合营销、共享分销、研究财团、许可证、特许和交叉许可证等，而股权式合作关系包括少数股权投资、交叉持股、并购、50：50的合资、不对等股权的合资等。

由于本书所研究的背景为分布式创新模式下的创新搜寻，因此不涉及简单买卖、长期采购、联合制造、联合营销和共享分销/服务等与创新不相关的合作关系。另外，考虑到本书的研究限定为跨组织边界的搜寻与合作，因此不涉及并购、少数股权投资等。结合现有文献的理论研究，本书对所研究的分布式合作创新模式下的股权式合作与非股权式合作做如下界定：股权式合作强调参与合作的双方或几方企业根据一定比例投入资源，采用较为正式的组织程序进行共同研发，通过成立双方共同拥有的合资研发机构，共担风险、共享合作利益的一种持久稳定的合作关系；非股权式合作的形式则相对宽泛，合作伙伴之间的相互依赖性较低、弹性较强，是以项目为承载的合同、协议关系，该合作关系一般随着合作项目的结束而自然结束。

4.关系嵌入强度的界定

在双方建立关系联结之后，双方联结的关系亲密度、关系稳定性、关系公平性、关系信任等的不同，都会影响新知识的获取和利用，进而影响技术创新表现。Granovetter（1973）[148] 最早提出关系嵌入性的概念，用来描述存在关系的主体双方之间的互动频率、关系质量、信任和承诺。关系嵌入性按照双边关系强度可以划分为强联结（Strong Tie）和弱联结（Weak Tie）。Granovetter（1985）[155] 认为，强联结作为一种社交网络，拥有较高的亲密性和互惠性，往往拥有许多的冗余信息，而弱联结并没有高程度的亲密度和社会互动，但往往包含着大量的异质性知识和非冗余知识。

本书对关系嵌入强度的界定基于Granovetter（1973）[148] 对强联结、弱联结的概念描述，关系嵌入强度越高，代表主导企业与合作企业之间的联结强度就越高，越趋向于强联结；而关系嵌入强度越低，代表主导企业与合作企业之间的联结强度就越低，越趋向于弱联结。根据Granovetter（1973）[148] 的研究，本书从关系质量、关系持久性、关系公平性、关系稳定性和关系信任等方面对关系嵌入强度进行界定。

5.潜在吸收能力与实际吸收能力的界定

Zahra 和 George（2002）[72] 在已有吸收能力相关研究的基础上予以拓展，按照其过程将吸收能力划分为以下阶段：获取（Acquisition）、同化（Assimilation）、转化（Transformation）和利用（Exploitation），其中获取和同化能力被称为潜在吸收能力（Potential Absorptive Capacity），而转化和应用能力被称为实际吸收能力（Realized Absorptive Capacity）。

Zahra 和 George（2002）[72] 对吸收能力概念的拓展得到了后续学者很大

程度的支持。许多学者在其对吸收能力重新界定的基础上做了许多方面的研究（Fosfuri和Tribó，2008[183]；Mursitama，2011[169]；Xia，2013[174]；Gong和Zhou，2013[178]；Ritala和Hurmelinna-Laukkanen，2013[180]；解学梅和左蕾蕾，2013）[173]。因此，本书采用Zahra和George（2002）[72]对潜在吸收能力、实际吸收能力的界定，认为潜在吸收能力代表了一个企业在对行业、市场、技术发展趋势做出判断的基础上，通过外部关系网络跨边界获取外部知识和理解新知识的能力，也体现了企业对外部资源的判断、消化和积累能力。而实际吸收能力代表了一个企业的可编码知识的储备量，具体体现在专利或者已有的产品能够将从合作伙伴那里获取和吸收的外部新知识与已存在的知识相结合，进行加工、提纯或者升级转化之后应用到企业的实践中。

二、概念模型的构建

首先，企业是要向市场推出新的产品以获取更多的消费市场以及短期的巨大溢出效益，还是要通过改进过程、设备、管理效率等方式有效降低成本实现长期利益，应根据企业的创新能力提升要求，选择不同的外部搜寻战略。宽度搜寻战略能帮助企业获取多样性知识，较广泛地接触到外部可用知识类型，帮助企业实现更多的创新可能性，并且能够较好地扩展组织视野、提升战略柔性、拓宽创新网络范围，但是搜寻到的资源容易形成冗余沉淀（Laursen和Salter，2006）[59]。深度搜寻战略则与宽度搜寻大为不同，深度搜寻战略强调对某一些特定知识束资源的重复和高强度搜寻，即组织通过对单一知识资源的不断接触，对相似领域的现有知识不断补充和丰富，能够较好地改进已有产品、降低生产成本、提升运营效率、促进渠道升级，同时降低错误和失败的可能性（Leiponen和Helfat，2010）[56]，但是深度搜寻也有缺陷，对单一知识或者技术的过度依赖，会导致企业陷入“能力陷阱”，使企业战略柔性和灵活性受到限制。因此，两种不同的外部搜寻战略各具利弊，采取什么样的外部搜寻战略能够有利于企业产品创新或者工艺创新仍是一个有待研究的话题。基于此，本书认为不同类型的外部搜寻战略（包括宽度搜寻战略与深度搜寻战略）与不同维度的企业创新（包括产品创新与工艺创新）之间存在一定的联系，以我国的制造企业为样本调研一手数据，通过实证研究的方法验证不同的外部搜寻战略与不同维度企业创新之间的影响关系是否存在差异是本书研究的重点。

其次，由于外部搜寻的知识通常具有默会性与嵌入性，主导企业很难直接吸收和利用这种搜寻到的知识，因此，主导企业需要同重要知识持有者建立契约组织形式（叶江峰等，2013）[50]。本书重点关注股权式合作与非股权式合作，其中，股权式合作的方式能够与合作伙伴建立紧密的合作关系，促进知识的深度、高效率转移，但是其前期投入成本大、磨合期长、风险较高、重置成本高、灵活性差，因此对资金、人员配置、合作内容等许多问题的要求比较高。非股权式合作则操作相对简单，针对性和目的性较强，具有较好的灵活性和低风险性，但是合作伙伴之间的知识流动性差，知识转移效率较低。两种合作模式各具优劣，合作模式的不同，对双方关系构建、知识转移等都有着十分重要的意义，采用何种合作模式能够满足企业创新需求？合作模式与外部搜寻战略之间是否存在耦合关系，使得两者合理匹配并发挥其最佳效能？因此，本书重点关注企业间合作模式（包括股权式合作与非股权式合作）对企业产品创新、工艺创新的影响，以及合作模式与外部搜寻战略之间的耦合关系对企业产品创新、工艺创新的影响。

最后，在外部搜寻战略和组织间合作模式确定之后，实际上就完成了知识由外部向内部转移的桥梁构建。在双方建立关系联结之后，如何实现知识源向创新的有效转化，成为本书要研究的第三个重点问题。在这里，本书重点聚焦在关系嵌入强度和企业吸收能力上，两者对知识转移效率有着重要的决定作用。

一方面，关系嵌入强度代表了联结双方的关系亲密度、关系稳定性、关系公平性和关系信任等的强弱，这些因素都会影响新知识的获取和利用，进而影响企业创新表现（Zhang和Li，2010）[69]。组织之间的关系嵌入强度较高的时候，合作双方能够建立信任和依赖关系，降低合作的不确定性，减少双方的交易成本，提供丰富有效的信息，有利于高质量信息和复杂知识的转移，但是其关系维护成本较高；而在关系嵌入强度较低的时候，根据Granovetter（1973）[148]的“弱联结理论”，企业间的弱联结关系能够提供多样化的信息资源，有利于获取非冗余知识和隐性知识，但在关键核心技术的转移上相对较弱（Lavie，2007）[70]。因此，根据外部搜寻战略与合作模式的不同，建立与之相匹配的关系嵌入强度，将有利于知识转移效率的提升。

另一方面，外部知识转化过程涉及知识的重新组合与创造，需要组织有识别外部知识价值的能力，这就涉及组织的吸收能力（Grimpe和Sofka，2009）[71]。吸收能力包括对外部知识的获取、同化、转化和利用，其中获取、同化能力组成了组织的潜在吸收能力，而转化、利用能力组成了组织的实际吸收能力（Zahra和George，2002）[72]。潜在吸收能力注重知识的获取、翻译和理解能力，实际吸收能力注重知识的转化、加工和利用能力。两种不同的知识吸收能力在搜寻战略中扮演的作用不尽相同，在知识源转化为创新的过程中分别扮演什么样的角色，也将成为本书研究的重点问题。

综上所述，本书的整体研究概念模型如图3-1所示，具体研究内容包括：①外部搜寻战略、合作模式对产品与工艺创新的直接影响；②外部搜寻战略与合作模式的耦合关系对产品与工艺创新的影响；③关系嵌入强度、吸收能力的调节效应。

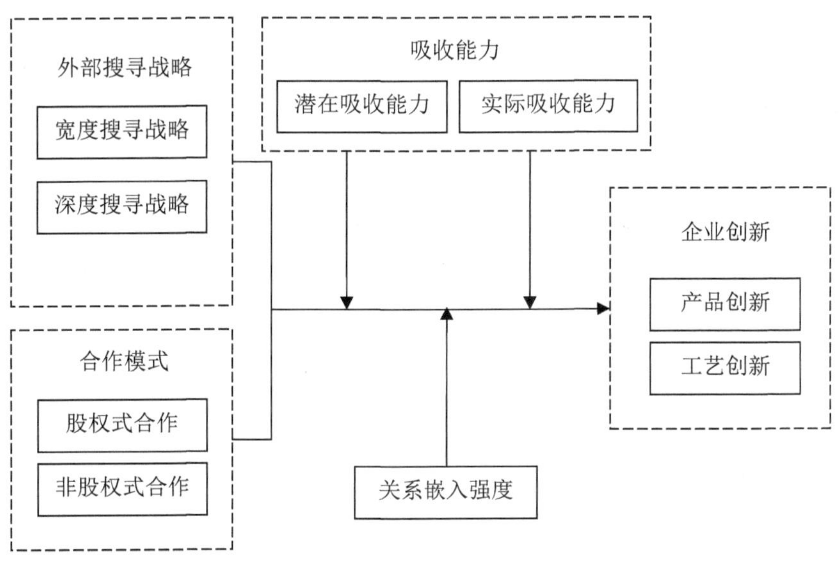

图3-1　本书的整体研究概念模型图

三、假设的提出

（一）外部搜寻战略与企业创新的关系研究

按照企业创新能力提升要求的不同，本书从产品创新、工艺创新两个方面予以阐述，其中产品创新指企业侧重于向市场推出全新的产品，通过获取市场份额来获取短期溢出效益，而工艺创新则是指企业加强生产效率，通过降低成本来获取长期积累效益（Lin等，2002[18]）。由于两种企业创新能力的提升所需知识、技术等资源的特点不同，因此需要在外部搜寻的过程中采取与创新能力提升要求相匹配的搜寻战略，以下将分别从产品创新、工艺创新两方面来阐述。

1.外部搜寻战略与产品创新之间的关系

产品创新是企业在不断变化的市场和技术环境中带来组织差异化、适应环境和改造自身的关键（Schoonhoven等，1990）[186]，新产品的引入能够帮助企业提升市场占有率、增加价值以及改善企业生存状况（Banbury和Mitchell，1995）[187]。一个新的产品往往包括两个重要的组成部分：核心技术（Core Technical）和用户服务特征（User Service Features）（Saviotti和Metcalfe，1984）[188]，两者中任何一个做出改变都有可能成为一种全新的产品创新（Katila和Ahuja，2002）[60]。搜寻可以帮助企业从组织边界外部发现更加先进的核心技术或者更为优秀的用户服务特征（Bruderer和Singh，1996）[189]，通过外部搜寻战略能够有效促进企业产品创新能力的提升，以下将从宽度搜寻战略和深度搜寻战略两方面来阐述。

一方面，宽度搜寻战略作为一种更为宽泛和多样化的搜寻战略，取决于依赖外部资源的数量以及合作者的类型的多少（Laursen和Salter，2006）[59]。宽度搜寻战略能够从两个方面促进产品创新能力的提升：第一，搜寻宽度越大，组织接触到的外部企业类型就越多，新知识的种类和数量就越多。由于企业固有的单一知识资源往往会限定产品创新思路的开发（Fleming和Sorenson，2004）[190]，通过获取外部新知识提升知识库的可用量，帮助组织获取更多新思路、新机遇和替代方案，为新产品的创造及其差异化优势提供了潜在的可能性（Henttonen和Ritala，2013）[81]。第二，宽度搜寻使组织不断接触不同的市场领域，能够较好地扩展组织视野、提升战略柔性、拓宽创新网络范围、增加对新产品的进取性和探索性。基于以上两点分析，我们认为宽度搜寻战略的实施有利于促进企业产品创新能力的提升。

另一方面，深度搜寻战略是一种聚焦式的搜寻战略，强调知识资源的搜寻强度和专业性（Laursen和Salter，2006）[59]。搜寻深度战略能够从三个方面促进企业产品创新能力的提升：第一，搜寻深度越大，组织接触到的同类知识就越丰富，它刻画了组织在多大程度上重复利用现有知识，因此能够帮助企业在现有的知识束上的积累不断提升，提升产品的核心技术。第二，深度搜寻能够帮助企业降低产品创新过程中错误和失败的可能性，从而有效降低研发成本，缩短产品研发周期，提升产品创新成功率（Leiponen和Helfat，2010）[56]。第三，通过相似知识的不断积累，企业能够较好地把握和预测已掌握知识的市场前景、竞争对手的技术水平以及技术未来的发展空间，从而比竞争对手更能够把握技术发展的方向，占据产品的核心技术竞争优势。基于以上三点分析，我们认为深度搜寻战略的实施有利于产品创新能力的提升。

综上分析，宽度搜寻战略和深度搜寻战略都能够有效促进企业产品创新能力的提升。然而，是否宽度搜寻、深度搜寻的强度越大，就越能够为企业带来产品创新能力呢？答案是否定的。从搜寻的关注基础理论（Attention Based Theory）（Li等，2013）[65]、企业能力理论（Enterprise Capability Theory）以及搜寻成本视角（Search Cost View）（Henttonen和Ritala，2013）[81]来看，高层管理团队的搜寻关注度、搜寻成本、资源配置、运作能力是存在局限性的，“过度搜寻”（Over Search）会耗用管理者关注度和增加搜寻边际成本，使总的边际效用下降。过度的宽度搜寻虽然能增加产品创新的知识可用量、提升产品创新性以及促进战略柔性，然而知识的识别、整合和利用成本不断升高，可信度下降，信息过载（Overload）等因素造成宽度搜寻的边际效益递减；过度的深度搜寻虽然能够在单一知识束上不断提升，占据产品技术的核心竞争优势，但往往在单一技术上越走越远，会使企业产生组织惯性，陷入“技术刚性（Technological Rigidity）”和“能力陷阱（Capacity Trajectory）”。

由此可见，适度的宽度搜寻和深度搜寻都能够有效提升企业的产品创新能力，而过度的搜寻往往不利于企业创新。通过文献的梳理和总结可以发现，国外许多实证研究结果表明，外部搜寻与企业创新呈现出“倒U形”关系（如Katila和Ahujia，2002[60]；Phene等，2006[87]；Laursen和Salter，2006[59]），然而以我国企业为样本的实证研究结果却表明，外部搜寻与企业创新之间是线性的关系（如Chiang和Hung，2010[66]；张峰和刘侠，2014[89]；宋晶等，2014[63]；缪根红等，2014[90]；邬爱其等，2012[62]）。究其原因，我国企业创新搜寻现状与国外的创新搜寻现状存在差异，尤其是中小企业，创新相关的信息、技术知识等普遍缺乏，加之不健全的市场制度环境，许多企业并未达到外部搜寻的临界点，因此可以忽略“过度搜寻”的问题（张峰和刘侠，2014）[89]。由此可见，目前我国大多数企业的创新搜寻行为并未达到“过度搜寻”的水平，而是处在一个适度合理的状态。本书以中国制造企业为样本，因此不考虑外部搜寻与企业创新之间的“倒U形”关系。

相比而言，宽度搜寻、深度搜寻两种搜寻战略对产品创新能力的影响是否存在显著性差异呢？考虑到目前的经济大环境状况日新月异，市场上的产品越来越趋向于多样性、高性能、操作简单和人性化发展。随着技术周期缩短，信息化的社会网络性加强，企业单一技术的核心竞争力很难长期维持且容易被市场淘汰，未来知识和技术应该向多元化、灵活化发展。因此，企业应当不断拓宽创新思路，提升企业战略柔性，宽度搜寻战略更有利于企业产品向多元化、灵活化发展。相反，在这一市场背景下，深度搜寻战略容易使企业陷入“能力陷阱”和“技术刚性”（刘力钢和孟伟，2015）[191]，对产品创新能力的提升作用不及宽度搜寻战略灵活。因此，本书认为宽度搜寻战略比深度搜寻战略更有利于企业产品创新能力的提升，并提出如下假设：

H1a：宽度搜寻战略与产品创新正相关；

H1b：深度搜寻战略与产品创新正相关，但相比H1a较弱。

2.外部搜寻战略与工艺创新之间的关系

工艺创新被定义为采用新方法、新设备、新系统、新材料、新的运作方式等生产产品或者提供服务的过程（Utterback和Abernathy，1975）[19]，它是一种有结构的、预先被设定的、规范的行为活动，能够为特定的客户群和市场带来特殊的产出（Becker、Kugeler和Rosemann，2013）[192]。工艺创新的内在动机包括生产成本的降低、生产效率的提升、生产量的扩张、产品回收以及绿色生产等（Lager，2002）[193]。外部搜寻能够帮助企业发现外部新方法、新设备、新材料以及新的商业运作方式等，有利于促进企业工艺创新的提升，以下将从宽度搜寻战略和深度搜寻战略两个方面来阐述。

一方面，宽度搜寻战略能够帮助企业广泛涉猎市场上的新方法、新设备、新材料等，丰富企业相关领域的工艺知识，拓宽其创新视野。宽度搜寻能够从以下三个方面促进企业工艺创新能力的提升：第一，宽度搜寻战略实施的强度越大，越能够让企业充分了解多样化的生产工艺流程和制造方法，特别是在人工智能、数字化生产制造、3D打印等制造技术不断成熟的时代，宽度搜寻战略能够为企业的生产制造方法提供更多的可能性；第二，宽度搜寻战略通过广泛搜寻外部环境，能够帮助企业接触到更多的新材料、新能源、新设备，帮助企业在设备、能源、原材料上改进，从而促进生产工艺流程再造；第三，宽度搜寻战略帮助企业广泛了解市场上的各种商业运作模式，特别是目前"互联网""物联网""互联网+"等理念不断发展，网络交易平台不断完善，电子商务正在不断冲击着传统制造业，要求其走向新的发展路线。宽度搜寻战略有利于企业突破传统的路径依赖，深度融合信息化技术，变革商业模式和管理模式。基于以上三点分析，我们认为宽度搜寻战略的实施有利于企业工艺创新能力的提升。

另一方面，深度搜寻战略使组织不断接触到相似领域的现有知识，并在现有知识的基础上不断学习和完善，加强该项技术资源的强度和重复性（Chiang和Hung，2010）[66]。深度搜寻战略能够从以下两个方面促进企业工艺创新能力的提升：第一，深度搜寻能够不断获取重复性或类似性的知识，并将这些外部新知识与企业已有的知识相结合，帮助企业改进制造方法和创新实施办法（Jaikumar和Bohn，1992）[194]，从而降低生产成本、提升运营效率、促进渠道升级；第二，深度搜寻战略通过重复性、高强度的搜寻，能够减少失败和错误的可能性，显著提升企业工艺水平，使生产工艺趋于精益求精（Leiponen和Helfat，2010）[56]。基于以上两个方面的分析，我们认为深度搜寻战略的实施有利于企业工艺创新能力的提升。

由于我国许多企业并未达到外部搜寻的临界点，因此可以忽略"过度搜寻"问题（张峰和刘侠，2014）[89]。基于上文分析，本书认为外部宽度搜寻战略与深度搜寻战略都能够有效提升企业工艺创新能力。然而，宽度搜寻战略和深度搜寻战略在对企业工艺创新的影响上存在显著性差异吗？我们认为，相比产品创新而言，工艺创新所需的知识倾向于更为隐性、系统和复杂的知识（Chesbrough，2006）[17]，而接触这些隐性、复杂性的知识往往需要花费更多的时间和精力（Jaikumar和Bohn，1992）[194]，相比而言，高强度的深度搜寻战略更有利于企业工艺创新的持续性改进。综上所述，本书提出如下假设：

H2a：深度搜寻战略与工艺创新正相关；

H2b：宽度搜寻战略与工艺创新正相关，但相比H2a较弱。

外部搜寻战略与企业创新的关系如图3-2所示。

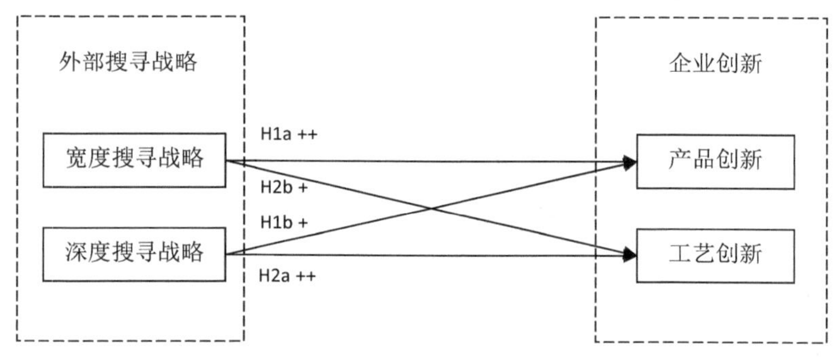

注："++"代表正向关系比"+"强。

图3-2　外部搜寻战略与企业创新的关系图

（二）合作模式与企业创新的关系研究

在分布式创新外部搜寻的过程中，由于外部知识存在固有的默会性与嵌入性，主导企业很难直接吸收和利用这种知识，在这种背景下，主导企业需要同重要知识持有者建立一种产权组织形式（叶江峰等，2013）[50]，从而有效实现知识的转移。本书重点关注的产权组织形式，包括股权式合作和非股权式合作，如在研究要素界定中所述，股权式合作强调参与合作的双方或几方企业根据一定比例投入资源，采用较为正式的组织程序进行共同研发，通过成立双方共同拥有的合资研发机构，共担风险、共享合作利益；非股权式合作的形式则相对宽泛，合作伙伴之间的相互依赖性较低、弹性较强，具体包括联合研究合同、交叉许可以及研发契约等协议。两种不同的合作模式各具优势和劣势，其中股权式合作模式的优势包括：合作双方之间紧密度较高、合作关系的稳定性较高、知识转移的深度较强、知识转移的效率较高、相互依赖程度较高、能够有效降低道德风险和机会主义行为的发生；然而也存在劣势：前期的资本投入成本较高、时间成本高、磨合期长、组织弹性差、目的性较弱等。而非股权式合作与股权式合作存在较大差异，其优势包括：前期资本投入较低、组织弹性较强、时间成本较低、磨合期较短、目的性较强等；其劣势包括：组织间的紧密度较弱、知识转移的深度较弱、知识转移效率较低、稳定性相对较差、存在较高的道德风险和机会主义行为等。

基于企业交易成本理论（Transaction Cost Theory），合作企业之间建立一种恰当的组织模式可以有效降低交易成本，一方面，可以保障交易的顺利进行，另一方面，可以降低交易过程中双方的机会主义行为和道德风险。另外，合作研发关系的建立有利于合作伙伴之间知识的交流和转移，特别是默会性知识、嵌入性知识的有效转移，提升知识的创造能力和企业创新能力。股权式、非股权式合作模式的不同，会对企业技术创新带来不同的影响（唐璐，2007）[107]，因此，采用何种方式的合作模式，同样取决于企业的创新能力提升要求。由于产品创新和工艺创新能力提升目的的不同，其所需的外部知识、技术等资源类型以及合作方式等因素也有所不同，这些因素直接影响企业R&D投资行为。通过与其他组织的联合研发，建立复杂的创新网络，从外部获取新知识、新资源，实现不同知识和资源的优势互补。在此过程中，产品创新和工艺创新具体体现在组织间合作研发（Inter-frim R&D Collaboration）、联合新产品的设计（包括核心技术和用户服务特征）或者生产流程引进（包括新设备、新材料、新流程以及新的运作模式等），以下将从产品创新、工艺创新两方面展开论述。

一方面，产品创新所需知识的范围较广，涉及许多的知识领域，往往需要多样化的知识类型，给企业拓宽视野、提供创新思路、激发创新灵感。在这种情况下，本书认为非股权式合作相比股权式合作模式更有利于企业产品创新能力的提升，主要原因有三个方面：第一，非股权式合作企业间有较低的资源承诺，通过合作伙伴之间的相互影响和作用，能够帮助主导企业较为灵活地进入新的知识领域，实现新的可能性（Michelino等，2015）[109]，从而促进产品创新的萌发；第二，产品创新需要不断地扫描外部创新机会，而这些机会常常出现在已有的合作关系之外，合作关系的更换较为频繁（Dittrich和Duysters，2007）[195]，合作周期偏短，因此通过非股权式合作模式能够更好地提供产品创新合作研发活动所需要的灵活性；第三，产品创新的过程往往需要利用外部知识经历多种尝试，其中一些产品难免面临着失败和被淘汰，非股权式合作初期投入相对较小的特点，为产品创新提供了更多尝试的机会。基于以上三点分析，我们认为非股权式合作模式比股权式合作模式更有利于产品创新能力的提升。

另一方面，工艺创新所需的知识具有非静态性（Not Static），需要持续不断地对其生产方式、原材料投入、管理模式、运营模式等进行改进和创新（Miller，2004）[196]，在此过程中需要知识的转换、积累、储存和转移（Lo Storto，2006）[197]。在这种情况下，本书认为股权式合作模式比非股权式合作模式更能够促进企业工艺创新能力的提升，主要原因有三个方面：第一，股权式合作企业之间能够较好地实现风险共担、利益捆绑以及知识和信息的共享（Michelino等，2015）[109]，有利于合作企业知识库的融合，帮助企业提升工艺创新能力，而非股权式合作往往不能实现利益共担与利益捆绑，较难接触到合作伙伴的核心竞争资源，不利于工艺创新的深入开展；第二，工艺创新是非静态的，股权式合作能够长期提供资本、技术和人力资源帮助，以及风险和利益共享保障，相比非股权式合作具有更好的长期优势；第三，工艺创新的过程涉及新的制作方法、新设备、新材料、新系统、新的运作方式、新的管理方法以及新的信息流，在工艺创新的过程中，通常涉及专业性知识的共享，其中伴随着大量的默会知识和复杂性知识，这就导致了合作研发的机会主义行为和道德风险增加，合作的不确定性相对较高，股权式合作能够有效减少机会主义行为和道德风险，降低合作过程中的不确定性。基于以上三点分析，我们认为股权式合作模式比非股权式合作模式更有利于企业工艺创新能力的提升。

综上所述，股权式合作相比非股权式合作能够更好地促进工艺创新能力的提升，而非股权式合作相比股权式合作能够更好地促进产品创新能力的提升。因此，本书提出如下假设：

H3a：股权式合作与工艺创新正相关；

H3b：非股权式合作与工艺创新正相关，但相比H3a较弱；

H4a：非股权式合作与产品创新正相关；

H4b：股权式合作与产品创新正相关，但相比H4a较弱。

合作模式与企业创新的关系如图3-3所示。

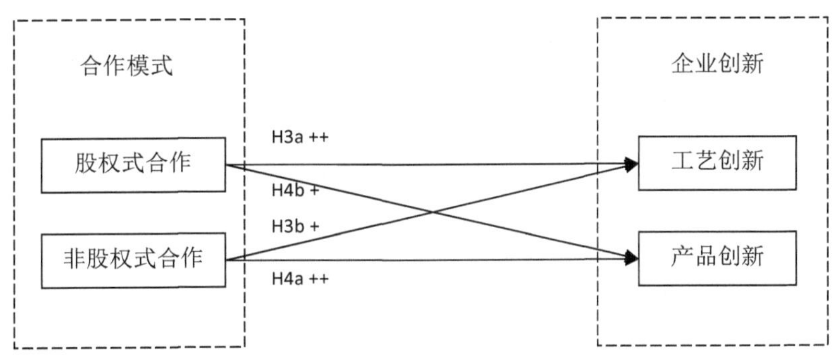

注："++"代表正向关系比"+"强。

图3-3 合作模式与企业创新的关系图

（三）外部搜寻战略与合作模式的耦合关系

在分布式创新的实现过程中，以企业创新能力提升为导向的外部搜寻战略与企业合作模式之间有着必然的联系，外部搜寻战略帮助企业寻找分布在外部组织中的新知识、新资源，而这些新知识、新资源固有的嵌入性和默会性使得企业必须与之建立某种合作关系才能顺利地获取和吸收。如果说外部搜寻为企业创新寻找到了"知识源"，那么合作模式则是为知识源构建了"渠道"。合作模式帮助企业将外部搜寻到的知识源转化为自身创新。因此，在此过程中，外部搜寻战略与合作模式之间存在一定的耦合关系。然而，这一耦合关系在目前仍未被揭示，相关理论研究仍相对稀缺。

从指导管理实践和丰富相关理论的目的出发，下面将讨论分布式创新过程中的外部搜寻战略（包括宽度搜寻战略与深度搜寻战略）与企业间合作模式（包括股权式合作与非股权式合作）的耦合关系对企业创新（包括产品创新与工艺创新）的影响，并提出相关假设：宽度搜寻战略与非股权式合作模式相匹配能够更好地促进企业产品创新能力的提升，深度搜寻战略与股权式合作模式相匹配能够更好地促进企业工艺创新能力的提升。

宽度搜寻战略作为一种更为宽泛和多样化的搜寻战略，取决于依赖外部资源的数量以及合作者的类型的多少（Laursen和Salter，2006）[59]。因此，采取宽度搜寻战略的主导企业将会面对许多不同种类的合作伙伴，构建丰富、多样化的分布式创新网络联结。在这种情况下，本书认为非股权式的合作能够与宽度搜寻战略更为耦合，主要原因有两点：第一，宽度搜寻战略下的企业往往会构建较多的关系联结，而随着关系联结的增多，关系维护的成本是递增的，而且对企业的资金、人力、时间、管理能力等都提出了严格的要求，由于非股权式合作模式拥有前期资本投入较低、时间成本较低、磨合期较短、关系维护成本较低等特点，有利于宽度搜寻战略的开展和后期维护；相反，股权式合作由于前期投入成本高、磨合期长、关系维护成本高，且需要投入巨大的人力和时间，大大限制了宽度搜寻战略的实施和开展；第二，宽度搜寻战略的目的往往是寻求多样化的异质性信息和新颖的创新思路，非股权式合作企业间有较低的资源承诺，通过合作伙伴之间的相互影响和作用，能够帮助主导企业进入新的知识领域、接触到新的想法和思路，以及实现企业新的发展可能性（Michelino等，2015）[109]；相反，股权式合作由于组织弹性较弱、战略灵活性差、目的性不强等特点，与宽度搜寻战略的初衷相背离。因此，宽度搜寻战略与非股权式合作模式更匹配，其耦合示意图如图3-4（a）所示。

而深度搜寻战略作为一种重复性、聚焦式的搜寻战略，强调知识资源的搜寻强度和专业性（Laursen和Salter，2006）[59]。因此，采取深度搜寻战略的主导企业将会面对许多与自身知识、技术特点相类似的合作伙伴，尤其在自己的知识、技术领域里拥有领先优势的企业。在这种情况下，本书认为股权式的合作模式能够与深度搜寻战略更为耦合，主要原因也有两点：第一，深度搜寻战略下的企业追求在现有知识束的基础上进行持续性学习和完善，通过加强该项技术资源的强度和重复性（Chiang和Hung，2010）[66]，降低失败和错误的可能，股权合作模式是一个长期的合作过程，有利于现有知识、技术的持续性改进；第二，深度搜寻战略下合作伙伴往往是与自身知识、技术特征相类似的领先企业，这些关键知识因涉及企业核心竞争力，较难实现深度转移，股权式合作模式能够使主导企业与合作伙伴之间实现利益捆绑，有利于实现知识、技术的深度共享；相反，非股权式合作模式往往合作周期短，且较难接触到合作伙伴关键、核心的知识而不利于深度搜寻战略的实施。因此，深度搜寻战略与股权式合作模式更为匹配，两者的耦合关系如图3–4（b）所示。

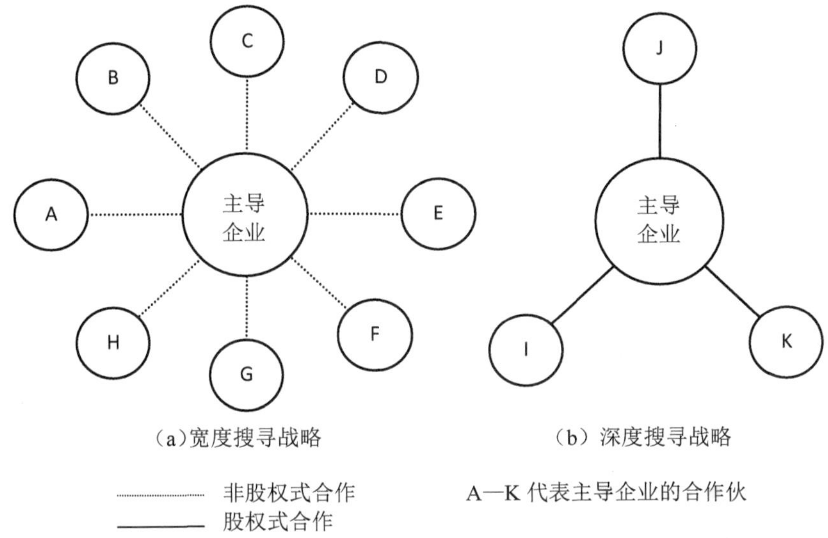

图3–4 外部搜寻战略与合作模式的耦合关系示意图

综上所述，宽度搜寻战略与非股权式合作模式更为匹配，而深度搜寻战略与股权式合作模式更为匹配。基于前文假设，宽度搜寻战略与非股权式合作模式在促进产品创新方面各具优势，而深度搜寻战略与股权式合作模式在促进工艺创新方面各具优势，因此，提出如下假设：

H5a：宽度搜寻战略与非股权式合作的交互项与产品创新正相关；

H5b：深度搜寻战略与股权式合作的交互项与产品创新正相关，但相比H5a较弱；

H6a：深度搜寻战略与股权式合作的交互项与工艺创新正相关；

H6b：宽度搜寻战略与非股权式合作的交互项与工艺创新正相关，但相比H6a较弱。

外部搜寻战略与企业间合作模式的耦合关系对企业创新的作用关系模型如图3–5所示。

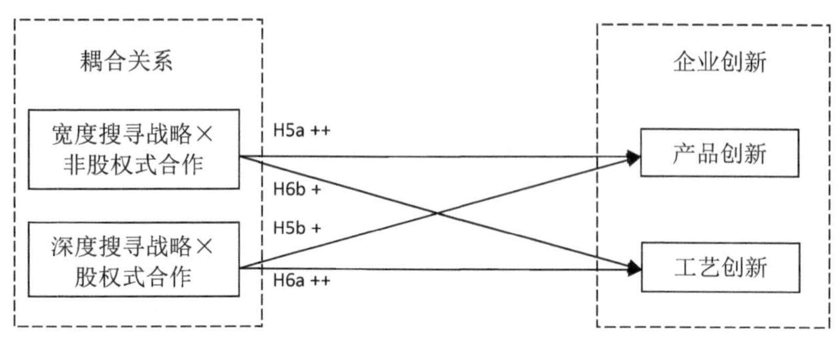

注："++"代表正向关系比"+"强。

图3-5　外部搜寻战略与合作模式的耦合关系对企业创新的作用关系图

（四）关系嵌入强度的调节效应

虽然分布式创新模式越来越重要，采取合作创新的企业越来越多，但是超过了50%的企业间合作是以失败告终的，其中一部分原因归咎于企业间关系处理方式不恰当（Das和Teng，2000[67]；Lokshin、Hagedoorn和Letterie，2011[68]）。跨组织边界的外部知识搜寻，借助供应商、客户和中介机构等渠道获取新知识，不仅需要恰当的产权组织形式，而且要妥善处理企业间双边关系（Zhang和Li，2010）[69]。例如，股权式合作企业虽然是一种相对稳定且长久的合作方式，如果合作双方由于利益分配或者利益侵占问题产生隔阂，不能建立亲密、信任、频繁交流的关系，仍将不利于知识的深度、高效转移；而非股权式合作虽然是一种短期的合作形式，不易深度接触关键核心知识和技术，但是通过建立亲密、信任、频繁交流的关系，仍有可能实现知识、技术的深度沟通和交流。

这就涉及了关系嵌入性的概念，关系嵌入性描述了企业间双边关系质量、关系信任、公平性和持久度等，按照强度的不同可以将关系嵌入性分为强联结和弱联结。其中，强联结双方拥有稳定、紧密的关系，能够使双方的知识得到深度交流和沟通，并可以显著降低知识转移成本；而弱联结有利于异质性、多样化知识的转移，虽然知识转移效率不如强联结，但是不易形成冗余知识，同时也是新颖知识的重要来源（Michelfelder和Kratzer，2013）[7]。强联结、弱联结在知识转移上具有各自的优缺点，是组织在实施外部知识搜寻战略时不可忽视的情境因素。因此，我们将关系嵌入强度作为调节变量引入模型中，在接下来的文章中，我们将分析关系嵌入强度调节效应的四种情形。

第一种情形，在宽度搜寻战略与非股权式合作的耦合与企业产品创新的正向关系中，关系嵌入强度有负向调节作用，主要原因有如下两点：第一，在宽度搜寻战略与非股权式合作的耦合关系下，组织与外部供应商、客户、高校、科研院所和中介机构等建立丰富的关系资源，弱联结关系维持成本低，能够最大限度地降低人力成本、资金成本和时间成本，用以更宽泛的外部搜寻以及更多非股权合作形式的建立，为产品创新提供了更多的可能性；第二，在宽度搜寻战略与非股权式合作的耦合关系下，企业会遇到多种多样的新颖知识，而弱联结可以充分发挥信息桥的作用，在异质性、多样化知识转移方面有着明显的优势（Michelfelder和Kratzer，2013）[7]，弱联结具有非冗余性，是获取无冗余外部新知识的重要途径，而这些无冗余新知识是产品创新的重要来源。因此，在宽度搜寻战略与非股权式合作的耦合关系下，弱联结能够更好地帮助企业提升产品创新能力。相反，强联结维护成本高，知识冗余度高，对资金、人员配置和管理能力的要求高，不利于宽度搜寻战略以及非股权式合作的实施。因此，在宽度搜寻战略与非股权式合作的耦合关系对产品创新的影响中，关系嵌入强度有着负向调节作用。

第二种情形，在宽度搜寻战略与非股权式合作的耦合与工艺创新的正向关系中，关系嵌入强度有正向调节作用，主要原因有如下两点：第一，在宽度搜寻战略与非股权式合作模式的耦合关系下，企业从外部多个联结获取多样化新知识，然而工艺创新所需的知识往往具有隐性、复杂性特征，这些知识较难转移和获取，强联结关系的建立有利于这些隐性、系统以及复杂知识的获取，为企业获取工艺创新所需知识提供了可能；第二，在宽度搜寻战略与非股权式合作的耦合关系下，合作关系是以项目为承载的合同、协议关系，是一种短期的合作行为，关系弹性较大，强关系联结能够加强组织间的亲密度、信任度、交流频率和知识转移意愿，也在一定程度上有利于工艺创新相关的制造方法、管理过程和运营方式的深度交流，促进企业工艺创新能力的提升。因此，在宽度搜寻战略与非股权式合作的耦合关系对工艺创新的影响中，关系嵌入强度有着正向调节作用。

第三种情形，在深度搜寻战略与股权式合作的耦合关系与产品创新的正向关系中，关系嵌入强度有正向调节作用，主要原因有如下两点：第一，深度搜寻战略与股权式合作的耦合关系能够实现合作伙伴之间知识库的融合，帮助企业获取大量产品创新所需的新颖、异质化知识，强联结有利于合作双方对这些异质化知识、信息、技术的深度交流，在短期内有利于帮助企业实现产品创新能力的迅速提升；第二，深度搜寻战略与股权式合作的耦合关系有利于合作伙伴之间的长期合作，在资源、资本、人才的共享和风险共担过程中降低机会主义行为和道德风险，强联结能够增强合作关系的质量和稳定性，提升长期产品创新的实力。因此，在深度搜寻战略与股权式合作的耦合关系对产品创新的影响中，关系嵌入强度有着正向调节作用。

第四种情形，在深度搜寻战略与股权式合作的耦合与工艺创新的正向关系中，关系嵌入强度有正向调节作用，主要原因有以下两点：第一，深度搜寻战略与股权式合作的耦合关系有利于合作双方知识库的融合，其中包含工艺创新所需的大量隐性、复杂性、系统性的知识，强联结能够加强双方的亲密度和交流频率，增强合作伙伴的知识转移意愿，有利于知识深度沟通，能够有效转移工艺创新所需的复杂知识和隐性知识（Aubert等，2012）[198]；第二，在深度搜寻战略与股权式合作的耦合关系下，强联结建立在关系信任的基础上（Bergenholtz，2011）[199]，能够有效减少机会主义行为和道德风险，降低企业间长期合作过程中的行为不确定性，增强知识转移的效率和效果（Low等，2012）[200]。因此，在深度搜寻战略与股权式合作的耦合关系对工艺创新的影响中，关系嵌入强度有着正向调节作用。

基于以上四种情景分析，本书认为关系嵌入强度负向调节宽度搜寻战略、非股权式合作的耦合对产品创新的影响，正向调节宽度搜寻战略、非股权式合作的耦合对工艺创新的影响，正向调节深度搜寻战略、股权式合作对产品创新的影响，正向调节深度搜寻战略、股权式合作对工艺创新的影响。根据三项交互（Three-way Interaction）相关研究中的表达方式，本书提出宽度搜寻战略、非股权式合作模式与关系嵌入强度三者的交互作用负向影响产品创新；宽度搜寻战略、非股权式合作与关系嵌入强度三者的交互作用正向影响工艺创新；深度搜寻战略、股权式合作与关系嵌入强度三者的交互作用正向影响产品创新；深度搜寻战略、股权式合作与关系嵌入强度三者的交互作用正向影响工艺创新。假设如下：

H7：宽度搜寻战略、非股权式合作与关系嵌入强度的三项交互与产品创新负相关；

H8：宽度搜寻战略、非股权式合作与关系嵌入强度的三项交互与工艺创新正相关；

H9：深度搜寻战略、股权式合作与关系嵌入强度的三项交互与产品创新正相关；

H10：深度搜寻战略、股权式合作与关系嵌入强度的三项交互与工艺创新正相关。

关系嵌入强度的调节作用如图3-6所示。

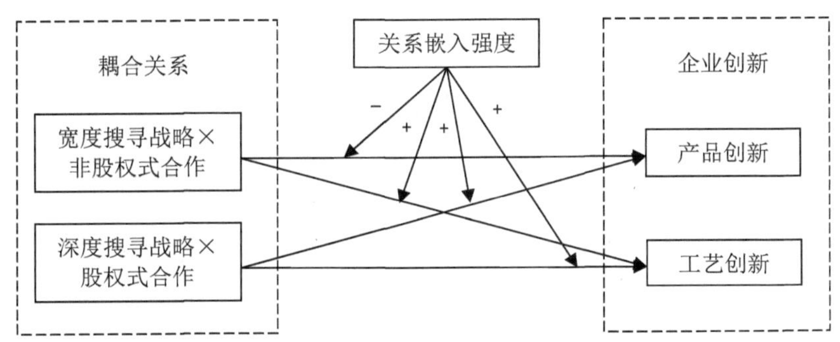

图3-6　关系嵌入强度的调节效应图

（五）吸收能力的调节效应

如果说外部知识搜寻为企业创新能力的提升提供了潜在“知识源”，合作模式为实现知识源的转移铺设了“渠道”，关系嵌入强度是知识源传输过程中的“阀门”，而吸收能力则衡量了外部知识源向主导企业创新转化的“入闸口”大小。在对跨边界外部搜寻的过程中，知识的吸收能力是影响创新产生的重要因素（Enkel和Gassmann，2010）[93]，它能够缓和外部搜寻过程中潜在的威胁或风险，帮助组织跨越组织边界、技术边界来吸收外部知识（Rothaermel和Alexandre，2009）[201]。增加自身吸收能力的组织，往往能够更好地促进外部搜寻带来的创新绩效（Huang和Rice，2009[202]；Volberda等，2010[203]）。

吸收能力包括了对外部知识的获取、同化、转化和利用过程，其中获取、同化能力组成了组织的潜在吸收能力，而转化、利用能力组成了组织的实际吸收能力（Zahra和George，2002）[72]。前者注重知识的获取、翻译和理解能力，后者注重知识的转化、加工和利用能力，两种不同的知识吸收能力在不同的搜寻战略与合作模式中扮演着不同的角色，以下将依旧从四种情景予以讨论。

潜在吸收能力较强的组织在知识的获取和同化方面具有优势，同时，强联结能与合作伙伴建立充分的关系信任、关系持久度和关系稳定性，有利于知识的转移。两者若能相结合，强联结为知识的获取建立了关系枢纽，潜在吸收能力为知识的获取提供了动力，强联结与潜在吸收能力优势互补，能够较大程度地提升知识的获取、同化能力。而知识的获取、同化能力能够帮助组织在深度搜寻战略中获取关键的知识资源，完成组织旧知识的更迭，促进应用式创新绩效的提升。因此，我们认为强联结与潜在吸收能力的协同作用正向调节搜寻深度与应用式创新绩效之间的正向关系，即搜寻深度、联结强度和潜在吸收能力的三项交互作用与工艺创新绩效正相关。

实际吸收能力与弱联结同样是优势互补的。实际吸收能力强的组织在新知识的转化和利用方面具有优势，而弱联结通过信息桥为组织提供各种各样的新知识。两者相结合，弱联结为组织提供新知识源，实际吸收能力将这些新知识转化为组织内部知识并应用到创新实践当中，能够很好地提升外部新知识的转化和利用能力。而这种转化、利用能力有利于组织在宽度搜寻战略中获取新思路、新方案，并将其市场化，从而促进探索式创新的产生。因此，我们认为弱联结与实际吸收能力的协同作用正向调节搜寻宽度与探索式创新绩效之间的正向关系，即搜寻宽度、联结强度和实际吸收能力的三项交互作用与产品创新绩效负相关。

第一种情景，在宽度搜寻战略与非股权式合作的耦合与产品创新的正向关系中，实际吸收能力有正向调节作用，主要原因如下：第一，在宽度搜寻战略与非股权式合作的耦合关系下，组织会从供应商、客户、中介机构和高校院所等处获取到各种各样的新知识，其中许多的新知识与企业自身已有的知识关联性不大，如何将新知识转化成企业可利用知识，并且将其利用到企业产品、服务或技术当中，成了能否创造绩效的关键（Leal-Rodríguez等，2014）[204]，因此，“转化”能力至关重要；第二，Kotabe等（2011）[21]发现，外部获取的知识只有“利用”到企业当中，才能促进新产品的产生，实现市场化，它是将外部新知识的利用作为创新产出的重要因素（Fosfuri和Tribó，2008）[183]。因此，在以产品创新能力提升为前提的宽度搜寻战略与非股权式合作的耦合关系下，以“转化和应用”能力为主的实际吸收能力有着正向调节作用。相比而言，该耦合关系下的企业较容易获取外部新知识，因此不考虑以“获取和同化”能力为主的潜在吸收能力的调节效应。

第二种情景，在宽度搜寻战略与非股权式合作的耦合与工艺创新的正向关系中，潜在吸收能力有正向调节作用，主要原因如下：第一，在宽度搜寻战略与非股权式合作的耦合关系下，由于合作周期较短，主导企业难以获取工艺创新所需的复杂性知识和隐性知识，因此，对工艺创新相关的复杂性知识和隐性知识的“获取”能力显得尤为重要；第二，宽度搜寻战略与非股权式合作的耦合关系虽然不能直接获取外部先进、核心的制造方法和创新实施办法，但是通过企业的理解、消化和吸收，模仿已有的先进工艺，借鉴成功的制造流程和管理经验，在一定程度上促进企业工艺创新的改进，“同化”能力则显示出了其重要性。因此，在以工艺创新能力提升为前提的宽度搜寻战略与非股权式合作的耦合关系下，以“获取和同化”能力为主的潜在吸收能力有着正向调节作用。相比而言，工艺创新相关的新材料、新设备、制作流程、管理办法等专业化相关知识一旦获取和同化，对新材料、新设备、制作流程以及管理办法的引进和实施工作便相对简单，因此不考虑以“转化和利用”能力为主的实际吸收能力的调节效应。

第三种情景，在深度搜寻战略与股权式合作的耦合与产品创新的正向关系中，实际吸收能力有正向调节作用，主要原因如下：第一，深度搜寻战略与股权式合作的耦合关系有利于实现主导企业与合作伙伴之间的知识库融合，多元化、异质性的新知识能够满足产品创新的需求，且深度搜寻的强度与股权式的长期合作，能够促进这些多元化、异质性知识的消化与吸收（Enkel等，2010）[93]，如何将这些新知识“转化”为企业可利用的知识，将其利用到企业产品、服务或技术当中，成为影响产品创新的一个重要因素；第二，若能结合主导企业自身实际调整、转化和应用，将相关知识商业化与市场化，将会大大促进企业产品创新能力的提升，这便体现在企业对新知识的“应用”能力上。因此，在以产品创新能力提升为前提的深度搜寻战略与股权式合作的耦合关系下，以“转化和应用”能力为主的实际吸收能力有着正向调节作用。相比而言，知识库融合带来的产品创新相关多元化新知识是容易获取的，因此不考虑以“获取和同化”能力为主的潜在吸收能力的调节效应。

第四种情景，在深度搜寻战略与股权式合作的耦合与工艺创新的关系中，潜在吸收能力有正向调节作用，主要原因如下：第一，深度搜寻战略与股权式合作的耦合关系能够实现主导企业与合作伙伴之间的知识库融合，其中有大量的与工艺创新相关的“不可编码性”“隐性”“复杂性”知识，这些知识难以转移和获取，如何成功“获取”这些知识成为企业工艺创新能力提升的关键；第二，深度搜寻战略与股权式合作的耦合关系要求企业在已有的工艺流程、制造方法、管理和实施办法上不断学习和深化，由于合作企业间制作工艺、流程、管理办法等存在诸多差异，如果能够将外部新知识与内部已有知识相结合，实现知识的“同化”过程，企业工艺创新能力将会得到进一步改进和提升。因此，在以工艺创新能力提升为前提的深度搜寻战略与股权式合作的耦合关系下，以“获取和同化”能力为主的潜在吸收能力有着正向调节作用。相比而言，工艺创新合作伙伴往往是与自身知识、技术特征相类似的企业，相关的工艺、流程、制造方法等专业化知识一旦被获取和同化，在已有知识束的基础上改进和升级则相对容易，因此不考虑以“转化和利用”能力为主的实际吸收能力的调节效应。

综上所述，实际吸收能力正向调节宽度搜寻战略、非股权式合作的耦合对产品创新的影响，潜在吸收能力正向调节宽度搜寻战略、非股权式合作的耦合对工艺创新的影响，实际吸收能力正向调节深度搜寻战略、股权式合作的耦合对产品创新的影响，潜在吸收能力正向调节深度搜寻战略、股权式合作的耦合对工艺创新的影响。因此，提出如下假设：

H11：宽度搜寻战略、非股权式合作与实际吸收能力的三项交互与产品创新正相关；

H12：宽度搜寻战略、非股权式合作与潜在吸收能力的三项交互与工艺创新正相关；

H13：深度搜寻战略、股权式合作与实际吸收能力的三项交互与产品创新正相关；

H14：深度搜寻战略、股权式合作与潜在吸收能力的三项交互与工艺创新正相关。

吸收能力的调节效应如图3-7所示。

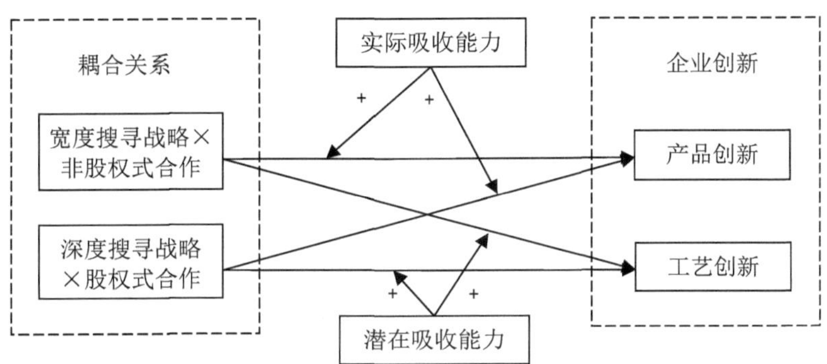

图3-7　吸收能力的调节效应图

基于以上分析，本书的整体研究模型及假设如图3-8所示。

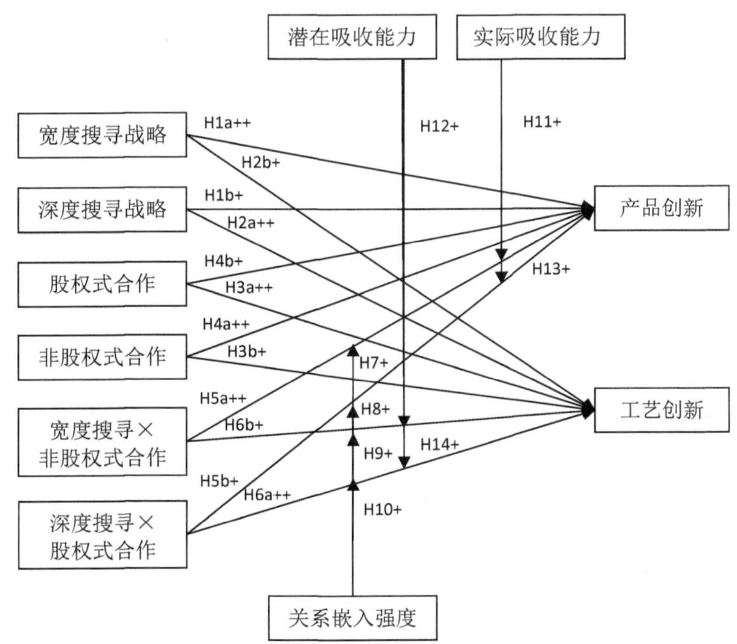

图3-8　整体研究模型假设图

四、本章小结

本章首先对所要研究变量的概念做出界定，构建变量之间的概念关系模型，在此基础上，通过相关理论和文献梳理演绎归纳出了本书所要研究的20个假设，其中直接效应假设8个，两项交互效应假设4个，三项交互效应8个，所有假设汇总如表3-1所示。

表3-1　本书的全部假设汇总表

全部假设
H1a:宽度搜寻战略与产品创新正相关 H1b:深度搜寻战略与产品创新正相关,但相比H1a较弱
H2a:深度搜寻战略与工艺创新正相关 H2b:宽度搜寻战略与工艺创新正相关,但相比H2a较弱
H3a:股权式合作与工艺创新正相关 H3b:非股权式合作与工艺创新正相关,但相比H3a较弱
H4a:非股权式合作与产品创新正相关 H4b:股权合作与产品创新正相关,但相比H4a较弱
H5a:宽度搜寻战略与非股权式合作的交互项与产品创新正相关 H5b:深度搜寻战略与股权式合作的交互项与产品创新正相关,但相比H5a较弱
H6a:深度搜寻战略与股权式合作的交互项与工艺创新正相关 H6b:宽度搜寻战略与非股权式合作的交互项与工艺创新正相关,但相比H6a较弱
H7:宽度搜寻战略、非股权式合作与关系嵌入强度的三项交互与产品创新负相关
H8:宽度搜寻战略、非股权式合作与关系嵌入强度的三项交互与工艺创新正相关
H9:深度搜寻战略、股权式合作与关系嵌入强度的三项交互与产品创新正相关
H10:深度搜寻战略、股权式合作与关系嵌入强度的三项交互与工艺创新正相关
H11:宽度搜寻战略、非股权式合作与实际吸收能力的三项交互与产品创新正相关
H12:宽度搜寻战略、非股权式合作与潜在吸收能力的三项交互与工艺创新正相关
H13:深度搜寻战略、股权式合作与实际吸收能力的三项交互与产品创新正相关
H14:深度搜寻战略、股权式合作与潜在吸收能力的三项交互与工艺创新正相关

第四章

研究方法

一、数据收集

数据收集的部分，将分别从调研背景、问卷的设计过程、调研数据的收集过程、回收样本的基本特征与可靠性检验等几个部分介绍。

1.调研背景

企业间的双边关系对企业技术创新有何影响？特别是企业间双边关系对企业分布式创新合作模式和知识共享的影响。这些现象和问题在企业的创新实践中迫切需要解释和解决。为此，受国家自然科学基金项目“开放网络组之间双边关系对企业分布式创新合作模式和知识共享的影响研究”（No.71272138）的委托，对上述相关问题展开研究。根据实证研究的需要，对我国境内企业展开抽样调研，了解我国创新实际情况，从而为该研究提供实证支持。

本书所做的研究是国家自然科学基金项目“开放网络组织之间双边关系对企业分布式创新合作模式和知识共享的影响研究”中的一个研究子部分，该子研究重点关注分布式创新过程中的外部搜寻战略（包括宽度搜寻战略与深度搜寻战略）、组织间合作模式（包括非股权式合作与股权式合作）对企业创新（包括产品创新与工艺创新）的影响，并考虑了组织之间双边关系嵌入强度与组织自身吸收能力的调节效应。

该子研究由于关注的重点是实施分布式创新的企业通过跨组织边界完成产品、工艺的分布式实现，因此关注的企业样本焦点是制造类企业，因为他们大多拥有自己的产品以及相关生产工艺，与本书的研究主题相契合。另外，考虑到产品创新、工艺创新需要持续的研发投入，本书将研究对象聚焦于制造类企业中的高新技术企业，因为这类企业的研发力度较大，外部搜寻行为与合作研发行为比传统的制造业强度更高，能够更好地揭示本书的主题。

针对这一研究问题，在现有理论的回顾、文献的梳理与总结以及专家访谈的基础上，我们有针对性地设计了一套调查问卷，通过实证研究的方法对上述研究问题展开验证。该套调查问卷致力于从理论上和实践上发现、分析和解决我国企业分布式创新过程中的搜寻战略问题、组织间合作模式问题、关系嵌入性问题以及吸收能力问题，帮助企业完成搜寻战略与组织间合作模式的耦合关系，指导企业管理实践，从而更加有效地促进企业创新。另外，本书主要基于知识基础理论和交易成本理论，将外部搜寻视角与组织间合作的视角相结合，分情境讨论其对企业创新的影响，为相关理论研究提供了一个新的研究视角，有利于更进一步揭示分布式创新的运作机制。

2.问卷的设计过程

问卷设计的时间段为2014年9月到2014年12月，针对本书所要研究的问题，有针对性地提出所涉及变量的相关题项。调研问卷包括企业一般信息、企业创新信息、企业知识管理信息以及企业间合作信息等。其中所包含的变量和测量题项，大多数是参考国内外相关文献中已有的成熟量表，并结合我国实际情况综合修改而成。我们通过双向翻译的方法，基本上能够使得量表的概念与测量方法与国外成熟量表保持等同性，同时也符合中文的情境，最大限度地提高表述及测量的精确性。问卷主要以定量的封闭式问题为主，每一套问卷都分A、B两卷，将因变量与结果变量分配到A、B卷中，从而能够有效降低共同方法偏差（Common Method Bias）。两份问卷均由被调研企业的中、高级管理人员填写，且两名填写人分开独立完成问卷。其中A卷的调研内容包括被访人信息、企业一般信息、外部环境、企业特征以及组织间关系等；B卷的调研内容包括被访人信息、合作研发现状、合作研发过程、合作研发结果以及企业创新表现等。问题的设置主要采用国际通用的七分度的李克特式量表（Likert-type Scale）法，由数字1～7表示非常否定至非常肯定。例如，你对“客户对产品的偏好随时间变化很快”的同意程度是：1——完全不同意，2——很不同意，3——不同意，4——中立，5——同意，6——很同意，7——完全同意。

在问卷的首页我们郑重承诺：将会对所有参与调研的数据进行保密，对数据做整体分析，仅用作科学研究。另外，如果被调研企业有需要，我们可以将分析结果向被调研公司反馈，与之分享调研分析结果。

3.调研的数据收集过程

数据的调研和收集过程可以划分为三个阶段：2014年12月至2015年1月的小样本试调研阶段，2015年1月至2015年6月的大样本正式调研阶段，2015年7月至2015年8月的收尾、问卷整理、录入和数据初步分析阶段。本次调研的人员配置为“西安交通大学管理学院国家自然科学基金项目课题组”，调研对象是我国的制造业与高新技术企业，包括了国有企业、民营企业、合资企业、外资企业等，涉及的行业集中在制造业和高新技术企业，包括了机械机电、电力、能源、化工、电子电工等行业。被调研对象的要求是企业的高层和部分中层，包括企业的大股东、董事长、总经理、高层管理人员以及核心业务部门的经理，特别是研发部的经理。在调研过程中，要求被调研者的工作年限在三年以上，保证其对公司的情况有充分的了解，从而能够真实反映企业情况。

(1)小样本试调研阶段

在正式的大样本调研之前，笔者进行了小样本试调研。小样本试调研的目的有两个：第一，使调研问卷能更加全面和恰当地描述被调研公司在技术创新等方面的情况；第二，在大样本的正式调研开始之前，尽量消除问卷中可能存在的设计和解释缺陷，从而使调研的结果更为准确。

小样本的试调研选择了西安市的10家高新制造业作为调研对象，课题组的调研人员亲自到被访公司，面对面请他们填写问卷，并对问卷中存在的语义不通、概念不详等问题当场进行回答，另外，请被调研者在完成问卷后，就问卷的格式、内容提出自己的看法和建议，调研人员将这些意见和建议都记录下来。小样本试调研的问卷收回后，我们根据被调研企业的意见、建议以及我们调研过程中的经验总结，对问卷进行了再次修改，使之更方便答题人员填写，也有利于我们处理样本数据。另外，根据小样本试调研取得的数据，在处理和分析之后，根据其结果对相关问题做了针对性的内容调整。其中，处理方式包括信度分析与效度分析，保障所有题项的Cronbach's α值大于0.7（吴明隆，2003）[205]，KMO（Kaiser-Mayer-olykin）值大于0.7，巴特利特球体检验（Bartlett's Test of Sphericity）统计值具有统计学意义上的显著性，且各个题项的因子载荷系数在0.5以上。通过上述一系列的调整手段，问卷的最终内容和形式得以确定，可进行下一阶段的大样本正式调研阶段。特此说明，小样本试调研数据不加入最终样本。

(2)大样本正式调研阶段

根据最终确定的问卷内容对所有外派参加调研的人员进行了集中培训，培训包括本次调研的目的、内容、意义和基本背景知识，各个问题的含义，调研过程中存在的程序和沟通技巧，以及调研方法的培训和交流。为了使调研更具有代表性，我们的调研范围尽量覆盖国内多数地区，主要包括陕西、北京、广东、江苏、河南、河北、浙江、上海等。调研主要是以随机选取的方式，样本范围主要集中在制造业类的企业。调研方式主要包括上门面访、寄信、电子邮件等方式。

①上门面访。调研人员首先和被访企业联系预约，得到对方同意后，我们派人到访。在调研现场，我们首先向对方说明调研的目的、方式以及答题的注意事项等，并向他们承诺将问卷调研的结果一起分享，从而保证问卷较高的回收率。调研结束后，将问卷当场收回。也有企业不能当场回答的，双方约定好时间后，我们再把问卷取回来。

②寄信方式。主要是通过邮件及信函的方式，将印好的问卷寄给对方填写。当然，寄信之前要先与有关企业联系好，将调研的目的与方式说清楚之后，对方基本认可才将问卷寄给对方。同时将答题的要求及注意事项印成书面文字，也一并寄去。对方也尽可能在规定的时间内将问卷填好后寄给我们。

③电子邮件。在确定一些企业后，我们与对方取得联系，说明我们的调研意图和调研内容后，我们再将电子版的问卷发给对方，同时将答题的要求及注意事项也一并发过去，然后对方将填好的电子版问卷返还我们。

(3)数据的录入

问卷收回后，首先，我们对问卷进行了整理和编号，对来自同一企业的两份A、B问卷进行编号归类。其次，我们对问卷进行“有效性”筛选，将数据不全或者不诚实回答的问卷予以剔除。剔除的主要标准是：剔除“空白项”出现达到总问题1/4及以上的问卷；剔除“连续相同答案题项”（如6、6、6、6、6……；1、2、3、4、5、6……）出现达到总问题1/4及以上的问卷。在对问卷进行了整理编号后，按照预先设计的数据结构统一录入电脑，建立研究数据库，为保证数据录入的准确性，我们采取了分组录入的方式并交叉核对，确保数据库真实反映问卷填写内容。之后，为了验证问卷中的问题是否具有区分度，我们按照吴明隆（2003）[205]等人的建议，对问卷的反馈结果进行了分析。具体的做法是：将每个有效样本包含的所有问题的得分进行加总，求出每个样本的总分，然后按照总分进行排序，将分数最高的27%的样本作为高分组，将分数最低的27%的样本作为低分组，然后针对每个问题求出其在高分组和低分组的平均分，最后对每个问题在高分组和低分组的平均分做T检验，如果两者间有显著的差异，则说明这个问题是有效的，如果T检验的结果表明，两个平均数间没有显著差异，则问题是无效的。按照上述标准经过筛选，我们得到纸质版有效问卷225份，电子版有效问卷58份，共283份。

4.回收样本的基本特征

本次调研大约历时半年。此次调研发放面访和寄信的纸质问卷430份，电子邮件发放100份，总计发放530份问卷。回收纸质问卷290份，E-mail问卷88份，共378份，回收率为71.32%。纸质版有效问卷225份，电子版有效问卷58份，共283份，有效率达74.87%。被访者平均工作年限为10.29年。被调研企业集中在制造业，其中在被调研企业当中，有61.79%的企业为高新技术企业。

通过对企业所有制类型的统计，被调研企业中有46.69%的民营企业与29.57%的国有企业，另外有10.12%的合资企业和9.34%的外资企业，如表4-1所示。

表4-1　企业所有制类型表

所有制类型	数量/家	百分比
国有企业	76	29.57%
民营企业	120	46.69%
合资企业	26	10.12%
外资企业	24	9.34%
其他	11	4.28%

在调研对象中，有38.73%的高层管理人员与37.50%的部门经理，另外还有11.07%的总经理，以及3.48%企业股东和9.22%董事长，如表4-2所示。

表4-2　调研对象职务统计表

职务	数量/人	百分比
企业股东	17	3.48%
董事长	45	9.22%
总经理	54	11.07%
高层管理人员	189	38.73%
部门经理	183	37.50%
缺失	34	6.97%

行业分布情况如表4-3所示，被调研企业主要集中在机械机电业（26.69%）、电力能源与化工业（17.77%）、电子电工业（11.85%）、汽车与零部件业（8.01%）、信息技术业（7.67%）、建筑建材业（6.27%），以及少数的医药卫生、航天航空、轻工食品、服装纺织和环保绿化等行业。

表4-3　行业分布情况统计表

行业分布	数量/家	百分比
建筑建材	18	6.27%
汽车与零部件	23	8.01%
航空航天	9	3.14%
电力、能源、化工	51	17.77%
电子电工	34	11.85%
机械机电	68	23.69%
医药卫生	11	3.83%
信息技术	22	7.67%
轻工食品	8	2.79%
服装纺织	7	2.44%
环保绿化	7	2.44%
其他行业	29	10.10%

5.可靠性检验

(1)合并有效性

本次数据收集共采用了三种主要的方式：上门面访、邮寄和电子问卷。考虑到收集途径的不同可能对数据的一致性产生影响，因此需要对不同调研来源的数据进行差异性检验。并通过方差分析判断不同样本是否存在显著性差异。通过企业规模、企业年龄、发展阶段和所有制类型等方面的方差齐性Levene检验，各个指标的Levene统计值显著性概率都大于0.05，表示上门面访、邮寄和电子问卷三种途径收集的样本具有方差齐性。另外，通过方差分析，各指标的F统计值的显著性概率都大于0.05，表明两种途径收集的样本并无显著差异，可将样本合并后进行处理分析。

(2)未回应偏差

未回应偏差是由于我们所收回的样本与所考察的总体（原定的随机样本群体）在数据的统计分布上存在差异，从而使得收回的样本不能够代表总体的样本分布格局的问题。用T检验来验证两次回收问卷在各题项上是否有显著差异。我们整理了所有未回收企业的特征信息，并将这些企业同283份有效回收问卷进行了对比，以检验这两个样本群体是否属于同一大样本（Armstrong和Overton，1977[206]；Lambert和Harrington，1990[207]）。分析两类企业在企业规模、企业年龄、发展阶段和所有制类型方面是否存在显著差异，T检验的结果表明这两个群体之间没有存在显著的统计差异。

(3)共同方法偏差

共同方法偏差是指预测变量与自变量之间认为的共变，其产生的原因可能包括同样来源的评分者、同样的测量环境、项目语境以及项目自身体征。本次调研采用A、B卷的形式将预测变量与自变量分开，由两个被访者分别完成，能在一定程度上降低共同方差偏差问题，然而受测量环境、项目语境与项目自身特征等因素的影响，共同方法偏差仍可能存在。采用Harman单因素检验，将研究中变量的所有本问项进行探索性因子分析，之后呈现出了14个特征根大于1的公因子，14个公因子的累计方差达到了70.820%，单个因子的最大方差解释量为9.803%，解释了总方差的24.137%，并未出现单一因子揭示所有变量的大部分协方差情况。因此，尽管存在共同方法偏差，但其造成的潜在影响并不严重。

二、变量度量

本部分将对本书所涉及的所有变量进行说明，并具体列出每个变量的来源与题项。具体的变量包括：因变量（产品创新与工艺创新）、自变量（宽度搜寻战略、深度搜寻战略、股权式合作、非股权式合作）、调节变量（关系嵌入强度、潜在吸收能力和实际吸收能力）以及控制变量（企业规模、成立年限、行业竞争强度、网络嵌入规模以及地理分布度）等。为了提高变量度量的可靠性，本书从三个方面做出了努力：首先，变量和测量题项，大多是参考国内外相关文献中已有的成熟量表，增加了测量指标的稳定性；其次，为提高表述及测量的精确性，我们通过双向翻译的方法，基本上能够使得量表的概念与测量方法与国外成熟量表保持等同性，并结合我国实际情况综合修改从而符合中文的情境；最后，通过小规模试调研发现变量度量题项中存在的不足，并通过反复论证对其修改，从而最大限度地提高变量度量的可靠性。

1.因变量的度量

(1)产品创新

本书重点关注产品创新过程中核心技术（Core Technical）和用户服务特征（User Service Features）（Saviotti和Metcalfe，1984）[188]，两者中任何一个做出改变都有可能成为一种全新的产品创新（Katila和Ahuja，2002）[60]。核心技术的提升体现在产品质量的改进，而用户服务特征则突出用户使用过程中感受到的全新服务享受。基于此，产品创新测量问项参考了Roberts (1999)[208]对产品创新的度量方法，从“质量提升”和“结构改变”两个方面共4个问项来测量，并结合我国企业实际情况做出了一定的调整。测量问项包括“公司在产品的研制上经常引入新理念”“公司是本行业中开发和引入全新技术的企业”“公司经常创造在性能上全新的产品并在市场中销售”和“为吸引潜在客户，对不同的客户群引入新的产品理念”等，所有题项均采用Likert七点评分尺度打分法，题项如表4-4所示。

(2)工艺创新

本书重点关注工艺创新过程中的新方法、新设备、新系统、新材料、新的生产过程和新的管理方式等（Utterback和Abernathy，1975）[19]。因此，本书中工艺创新的测量问项参考了Freeman（1987）[10]对工艺的度量方法，从“工艺改进”和“节省材料投入”两个方面共4个问项来测量，并结合我国企业实际情况做出了一定的调整。测量问项包括“公司经常在产品的式样、服务等方面创新并在市场中销售”“公司经常在现有的技术基础上进行改进和提高”“公司是新工艺的创造者，为公司节约了成本”和“工艺流程的改进，为公司节约了材料投入”等，所有题项均采用Likert七点评分尺度打分法，题项如表4-4所示。

表4-4　企业创新的初始测量题项表

	测度题项	测度的来源
产品创新	公司在产品的研制上经常引入新理念	Robert，1999；Freeman，1987[10]
	公司是本行业中开发和引入全新技术的企业	
	公司经常创造在性能上全新的产品并在市场中销售	
	为吸引潜在客户，对不同的客户群引入新的产品理念	
工艺创新	公司经常在产品的式样、服务等方面创新并在市场中销售	
	公司经常在现有的技术基础上进行改进和提高	
	公司是新工艺的创造者，为公司节约了成本	
	工艺流程的改进，为公司节约了材料投入	

2.自变量的度量

（1）宽度搜寻战略

借鉴Laursen和Salter（2006）[59]对搜寻宽度的定义，本书认为宽度搜寻战略能够帮助企业较广泛地接触到外部知识可用类型，帮助企业实现更多的可能性和创新性，能够较好地扩展组织视野、提升战略柔性、拓宽创新网络范围。借鉴Danneels（2008）[209]的测量题项，从科研院所、政府机构、专业会议、行业协会以及市场竞争者等角度对宽度搜寻战略进行测量，共5个问项，如“我们经常参与专业协会活动”“我们的专业人员经常出席学术与专业会议”“我们经常参加贸易展览”“我们与大学或科研机构的研究人员保持密切联系”和“我们通过阅读专业期刊和杂志来跟随市场和技术最新趋势”等，所有题项均采用Likert七点评分尺度打分法，题项如表4-5所示。

(2)深度搜寻战略

借鉴Laursen和Salter（2006）[59]对搜寻深度的定义，本书认为深度搜寻战略是一种聚焦式的搜寻战略，强调知识资源的搜寻强度和专业性。结合Li等（2013）[65]对搜寻强度的测量量表，本书从搜寻强度和搜寻持续性两个方面来测量搜寻深度，共6个问项，如“我们投入大量人力去收集潜在有价值的信息”“我们付出大部分时间高强度收集信息”“收集信息时，我们会继续搜寻直到获取所有相关信息才满意”“我们会持续搜寻直到我们发现所有关于待解决问题的信息”“收集信息时，我们会投入尽可能多的时间去识别所需特定信息”“收集信息时，我们会努力搜寻和研究信息的潜在可能性”。所有题项均采用Likert七点评分尺度打分法，题项如表4-5所示。

表4-5 外部搜寻战略的初始测量题项

	测度题项	测度的来源
宽度搜寻战略	我们经常参与专业协会活动	Laursen&Salter, 2006[59]; Li等,2013[65]; Danneels,2008[209]
	我们的专业人员经常出席学术与专业会议	
	我们经常参加贸易展览	
	我们与大学或科研机构的研究人员保持密切联系	
	我们通过阅读专业期刊和杂志来跟随市场和技术最新趋势	
深度搜寻战略	我们投入大量人力去收集潜在有价值的信息	Laursen &Salter, 2006[59]; Li等,2013[65]; Danneels,2008[209]
	我们付出大部分时间高强度收集信息	
	收集信息时,我们会继续搜寻直到获取所有相关信息才满意	
	我们会持续搜寻直到我们发现所有关于待解决问题的信息	
	收集信息时,我们会投入尽可能多的时间去识别所需特定信息	
	收集信息时,我们会努力搜寻和研究信息的潜在可能性	

(3)股权式合作与非股权式合作

采用许春等[97]（2005）和Narula等（1999）[104]对股权式合作模式与非股权式合作模式的界定。测量题项为：“目前贵公司与产品创新、工艺创新相关的签约合作项目，其中股权式合作有____个，非股权式合作有____个”。

3.调节变量的度量

(1)关系嵌入强度

根据Granovetter（1973）[148]的定义，从关系质量（Yli-Renko等，2001）[210]、关系持久性（武志伟和陈莹，2007）[211]、关系公平性（Stanko等，2007）[212]、关系稳定性（Johnson等，2004）[213]和关系信任（Luo，2008）[214]五个方面对联结强度进行度量，共11个题项，如“合作双方避免有可能损害对方利益的要求”“即便有机会，一方也不会利用对方获得利益”等，均采用Likert七点评分尺度打分法，具体题项如表4-6所示。

表4-6 关系嵌入强度的初始测量题项表

	测度题项	测度的来源
关系嵌入强度	合作双方避免有可能损害对方利益的要求	Granovetter，1973[148]；Yli-Renko等，2001[210]；武志伟和陈莹，2007[211]；Stanko等，2007[212]；Johnson等，2004[213]；Luo，2008[214].
	即便有机会，一方也不会利用对方获得利益	
	伙伴总是能够遵守对我们的承诺	
	合作双方能够根据各自的贡献合理分配合作收益	
	合作双方在合作过程中能够“平等”地协商和交流	
	合作过程中出现问题，则由我们双方共同解决	
	我们双方会彼此互惠并共同致力于改善关系	
	在未来，我们期望与合作伙伴进行更深入的交互	
	我们和合作伙伴间的关系是有保障的	
	合作双方在各项活动中保持相对较高的相互信任	
	伙伴企业总是能遵守诺言，即使在最佳利益得不到保证的情况下	

(2)潜在吸收能力

采用Zahra和George（2002）[72]的定义，翻译Jansen等（2005）[171]的成熟量表。具体题项包括：“我们公司经常通过频繁的交互，从合作伙伴处获得新知识”“我们的员工经常访问合作伙伴”“我们会通过非正式渠道（如与同行在餐桌上交流）获取产业信息”“我们公司定期地邀请客户和第三方参加专门会议，从中获取新知识”“我们的员工定期咨询第三方，如会计咨询、管理咨询或税务咨询等”“我们能够较快地认识市场上（如竞争、法规、政策）的变化”“我们能很快理解服务客户的新机会”“我们能够较快地分析和解释变化的市场需求”等，均采用Likert七点评分尺度打分法，题项如表4-7所示。

(3)实际吸收能力

同样采用Zahra和George（2002）[72]的定义，翻译Jansen等（2005）[171]的成熟量表。具体题项包括：“我们经常关注变化的市场需求背后的新产品和服务”“我们的员工会记录和保存新获取的知识，作为未来的使用和参考”“我们公司能够较快地识别有用的外部知识”“员工经常分享实践经验”“我们能够容易地从外部新知识中抓住机会”“我们公司定期开会商讨市场趋势和新产品开发”“我们都清楚地知道企业内部的活动如何开展”“我们企业有明确的任务和责任分工”“实施新产品和服务时，我们常遇到困难”“员工对于我们的产品和服务有共同语言”等，均采用Likert七点评分尺度打分法，题项如表4-7所示。

表4-7　吸收能力的初始测量题项表

	测度题项	测度的来源
潜在吸收能力	我们公司经常通过频繁的交互，从合作伙伴处获得新知识	Zahra和George，2002[72]；Jansen等，2005[171]
	我们的员工经常访问合作伙伴	
	我们会通过非正式渠道	
	我们定期地邀请客户和第三方参加专门会议，从中获取新知识	
	我们的员工定期咨询第三方，如会计咨询、管理咨询或税务咨询等	
	我们能够较快地认识市场上（如竞争、法规、政策）的变化	
	我们能很快理解服务客户的新机会	
	我们能够较快地分析和解释变化的市场需求	

续表4-7

	测度题项	测度的来源
实际吸收能力	我们经常关注变化的市场需求背后的新产品和服务	Zahra和George，2002[72]；Jansen等，2005[171]
	我们的员工会记录和保存新获取的知识，作为未来的使用和参考	
	我们公司能够较快地识别有用的外部知识	
	员工经常分享实践经验	
	我们能够容易地从外部新知识中抓住机会	
	我们公司定期开会商讨市场趋势和新产品开发	
	我们都清楚地知道企业内部的活动如何开展	
	我们企业有明确的任务和责任分工	
	实施新产品和服务时，我们常遇到困难	
	员工对于我们的产品和服务有共同语言	

4.控制变量度量

为了控制内生因素对企业创新的影响，本书加入了控制变量，总共有5个，包括企业规模、企业年限、环境竞争性、网络嵌入规模和地理分散度等。各个控制变量的内涵和测度方式如下。

(1)企业规模

企业规模的大小，往往与其资源配置能力和资本实力有着一定联系。Damanpour（2010）[215]通过实证研究发现，企业规模与企业产品创新（Product Innovation）和工艺创新（Process Innovation）有着显著的正相关关系。因此，企业规模在本书中作为控制变量引入。企业规模的度量则采用大多数学者普遍采用的方式，通过员工人数来度量。

(2)企业年限

企业在不同的生命周期有着不同的创新表现，因此企业年限对企业产品创新、工艺创新有着一定程度的影响。Huergo和Jaunandreu（2004）[216]利用半参数方法（Semiparametric Technique）估计了企业年限（Firm Age）与企业产品创新、工艺创新之间的关系。其研究结果表明：工艺创新在企业2岁之前、20～36岁之间两个时间段内显著增强；而产品创新在企业10岁之前、20～31岁之间两个时间段内显著增强。因此，企业年限作为控制变量被引入模型，其度量采用企业成立的年份数。

(3)环境竞争性

企业采用什么样的创新战略与其竞争者和竞争环境有着很大的关系（Cuili、Qing和Riki，2013）[217]，且技术创新能够为企业带来什么样的绩效在一定程度上也取决于环境中的竞争因素（李庆满、杨皎平和金彦龙，2013[218]）。随着竞争程度的提升，企业从现有技术和制度中脱离的难度增加，转换成本也会增大，直接影响企业的创新表现（Ayyagari、Demirguc-Kunt和Maksimovic，2011[219]）。因此，环境竞争性被作为控制变量引入模型，环境竞争性采用Jansen等（2006）[176]量表的4个问项，如“当地的市场竞争很激烈”“我们企业具有不少实力较强的竞争对手”“当地市场竞争强度非常高”“价格竞争是当地市场的一个特点”等，均采用Likert七点评分尺度打分法。

(4)网络嵌入规模

本书中的网络嵌入规模重点强调分布式创新过程中的嵌入关系网络规模大小，网络嵌入规模越大的企业，往往拥有更多的合作研发伙伴数量、更多的社会资源以及更强的企业创新实力。因此，网络嵌入规模被作为控制变量引入模型。网络嵌入规模的大小采用企业研发合作网络中的合作伙伴数量来度量。

(5)地理分散度

本书中的地理分散度是指分布式创新模式下的合作伙伴在地理位置上的分散程度。在地理分散程度较高的情况下，有利于异质化信息、多样化知识的传播，而在地理分散程度较低的情况下，能够有效降低沟通、运输、知识分享的成本。因此，分布式创新网络中合作伙伴的地理分散度会影响主导企业创新能力的提升，地理分散度被作为控制变量引入模型。地理分散度测量采用Likert七点评分尺度打分法。

三、统计分析方法介绍

1.验证性因子分析

在测量一个变量时，需要根据被测试变量的各个指标得出一个综合得分，作为对所测试变量的估计。在得出这一综合得分之前，先要确定被测试变量的各个反应指标是否具有单一维度性（Uni-dimensionality）（Gerbing和Anderson，1988）[220]，这就需要我们通过探索性因子分析（Exploratory Factor Analysis）与验证性因子分析（Confirmatory Factor Analysis）评价测验的内部结构。

探索性因子分析适合在测验开发的初期使用，而我们对测验与构念之间的关系有了清楚的预期之后，应该采用验证性因子分析的方法来评价测验的内部结构。相对于探索性因子分析，验证性因子分析有两个明显的优点：第一，在验证性因子分析中，研究者对测验中包括的构念数目以及构念与测量指标的关系有非常清楚的预期；第二，验证性因子分析是在消除测量误差的情况下，通过观察测验指标与假设模型的契合程度（Model Fit）来推断测量结果。因此，验证性因子分析是一种更为精确的、带有假设检验性质的统计方法（陈晓萍、徐淑英和樊景立，2012）[221]。验证性因子分析主要由下面六个步骤组成。

(1)模型设定

包括选择因子个数和设定模型中的固定参数和自由参数。

(2)获取观测值

根据研究目的获取所需的观测值。

(3)计算相关系数矩阵

根据观测值计算出变量之间的协方差矩阵。

(4)模型估计

常用的方法是最大似然估计（ML）、一般最小二乘法（WLS）等，来估计自由变化的因子载荷。

(5)模型评价

当数据能够拟合因子模型时，因子载荷的选择要使模型暗含的相关矩阵与实际观测矩阵之间的差异最小。常用的拟合度指标有：卡方拟合指数

（χ^2）、比较拟合指数（CFI）、拟合优度指数（GFI）和估计误差均方根（RMSEA）等。根据普遍标准：$\chi^2/DF \leq 3.00$、$CFI \geq 0.90$、$GFI \geq 0.85$、$RMSEA \leq 0.05$，则表明该模型的拟合程度是可接受的。

(6)修正模型

如果模型拟合效果不佳，应根据理论分析修正或重新限定约束关系，对模型进行修正，以得到最优模型。

2.分层回归分析

分层回归其实是对两个或多个回归模型进行比较，根据模型所解释的变异量的差异来比较所建立的模型，一个模型解释的变异量越多，其数据拟合度就越好。分层回归分析就是采用这种方式，通过建立一系列的模型，处于系列中某个位置的模型将包含前一个模型所没有的增加变量，每一个预测变量只能分配给它所解释的独特变异，共同变异则被分配给第一个模型中的预测变量。因此，共同变量将会分配给优先进入模型的变量。与标准多重回归方法相比，分层回归分析可以将共同变异分配到预测变量中，并且随着揭示变量的逐步增加，连续观察每一个增加变量对方程整体解释力的变化，从而有利于更加直接地分析每一个解释变量对被解释变量的贡献程度。

分层回归分析的实现方式相对简单，如在SPSS软件中，在线性回归对话框里，在定义完一组自变量且因变量不变的情况下，利用“block”前后的“previous”和“next”按钮，继续将其他变量加入模型。

3.交互作用分析

交互作用是指两个变量（X_1和X_2）共同作用时对Y的影响不等同于两者分别影响Y时的简单数学和。在交互作用分析中，两个自变量的地位可以是对称的，也可以是不对称的，在对称的情况下，两个自变量分别可以看作调节变量，而在不对称的情况下，只要其中一个起到调节变量的作用，交互作用就存在（Aiken和West，1991）[222]。本书对交互作用的验证将从以下几个步骤进行。

(1)对变量的中心化或标准化

用分层回归的方法检验交互效应的一个重要步骤是把自变量和调节变量的连续变量进行整理。一些统计学专家建议把这些变量进行中心化，即用这个变量的每个数据减去均值，使得到的数据样本均值为零。这是因为预测变量和调节变量往往与它们的乘积项之间有高度相关性。中心化的目的是减小回归方程中变量间多重共线性（Multicollinearity）的问题。通过中心化或标准化的变量进入下一步的乘积构造阶段。

(2)构造乘积项

构造乘积变量时，只需要把经过编码或者中心化（或标准化）处理后的自变量与调节变量相乘即可，如公式（4-1），其中X'和M'为中心化后的值。

$$Y=b_0+b_1X+b_2M+b_3X'\times M' \quad \text{（公式4-1）}$$

(3)构造方程

在构造乘积项之后，把自变量、因变量（这里需要使用未中心化）和乘积项（中心化后的乘积值）都放到多元回归方程中就可以检验交互作用是否显著。在公式（4-1）中，如果交互项的系数b_3显著，则交互项对Y有显著的影响。

另外，如果有三个自变量共同作用影响因变量，则涉及三重交互作用（Three-way Interaction），这时候，不仅要考虑三个自变量X_1、X_2、X_3的主效应，X_1X_2、X_1X_3、X_2X_3的两两交互效应，还要考虑三个自变量的共同交互作用$X_1X_2X_3$，在这里，我们同样关注交互项的系数是否显著。

四、本章小结

在本章中，首先介绍了问卷设计、样本选取和数据收集的情况，在问卷的设计方面，本书尽量采取科学的问卷搜集措施，增加问卷的可信度。其次在变量选择和指标确定方面，主要参考了国外期刊的成熟量表，同时结合我国企业现状和语言习惯进行了适当调整。另外，我们对数据分析使用的方法进行了简要的说明和介绍，包括验证性因子分析、分层回归分析和交互作用分析等，便于后文的数据处理和分析。

在下一章中，我们将运用上述分析方法对收集到的数据进行处理和分析，对第三章《概念模型的构建与假设的提出》中提出的变量之间的假设关系进行检验，并对检验结果进行详细的讨论与分析。

第五章

实证分析与结果

一、描述性统计分析

本节的描述性统计分析主要是对数据进行基础的描述性分析，包括所有变量（自变量、调节变量、因变量和控制变量）的均值（Mean）、标准差（Deviation），以及变量之间的相关系数（Correlations），如表5-1所示。表5-1中，所有变量的相关系数均在一个合理的范围内（-0.15～0.57），所有的相关系数均比各个变量的平均抽取方差变异量（Average Variance Extracted，AVE）值的平方根值小（对角线上的数字为各变量的AVE的平方根值），表明各个变量之间是可以区分开来的，并无由于相关系数过大而无法区分的变量。另外，为了进一步检测各个变量之间是否存在多重共线性，我们对变量之间的方差膨胀因子（Variance Inflation Factor，VIF）进行了检验，检验对象包括所有变量以及所有的二项交互项和三相交互项，利用SPSS得出的VIF值的范围是1.647～4.877，各变量之间的VIF值均小于10，排除了变量之间存在多重共线性的可能。

表 5-1　变量的相关系数矩阵表

	1	2	3	4	5	6	7	8	9	10	11	12	13	14
1.宽度搜寻战略	0.77	—	—	—	—	—	—	—	—	—	—	—	—	—
2.深度搜寻战略	0.47**	0.78	—	—	—	—	—	—	—	—	—	—	—	—
3.股权式合作	0.38**	0.34**	—	—	—	—	—	—	—	—	—	—	—	—
4.非股权式合作	0.22	0.17**	0.18**	—	—	—	—	—	—	—	—	—	—	—
5.关系嵌入强度	0.46**	0.45**	0.28**	0.27**	0.75	—	—	—	—	—	—	—	—	—
6.潜在吸收能力	0.52**	0.47**	0.47**	0.18**	0.57**	0.76	—	—	—	—	—	—	—	—
7.实际吸收能力	0.45**	0.51**	0.32**	0.29**	0.41**	0.49**	0.78	—	—	—	—	—	—	—
8.产品创新	0.35**	0.35**	0.45**	0.24**	0.31**	0.31**	0.31**	0.84	—	—	—	—	—	—
9.工艺创新	0.31**	0.27**	0.17**	0.16*	0.27**	0.28**	0.28**	0.57**	0.81	—	—	—	—	—
10.企业规模	0.23**	−0.01	0.09	0.19*	0.10	0.07	−0.08	0.01	0.04	—	—	—	—	—
11.企业年限	0.06	−0.06	0.07	0.08	−0.08	−0.15*	0.01	−0.09	−0.03	0.22**	—	—	—	—
12.竞争强度	0.12*	0.04	0.13*	0.03	0.11	0.22**	0.11	0.13*	0.07	−0.01	−0.03	0.84	—	—
13.网络规模	0.13	0.01	0.21*	−0.10	−0.03	0.01	0.08	0.06	0.06	−0.04	0.09	0.06	—	—
14.地理分散度	0.15	0.10	0.14	−0.02	0.07	0.16*	0.21**	0.20**	0.19*	0.19*	0.03	0.05	0.14	—
均值	4.92	4.63	2.56	10.45	4.91	4.76	5.12	4.92	5.03	365.69	10.33	5.11	19.28	4.70
标准差	0.91	0.88	5.85	38.75	0.95	0.94	0.84	0.97	0.87	402.51	7.98	1.17	56.68	4.70

注：**表示0.01水平下显著，*表示0.05水平下显著；

对角线上的数值为AVE的平方根值。

二、信度与效度分析

1.信度分析

我们用“信度”来评测检验结果的一致性、稳定性和可靠性，估计测量误差对整体测验结果的影响。Nunnally（1978）[223]的标准认为，Cronbach α的值达到或者大于0.70即已足够，李怀祖（2000）[224]的《管理研究方法论》中认为信度达到0.60即可，陈晓萍、徐淑英和樊景立（2012）[221]认为，由于我们的研究大多数以推断变量因果关系为目的，因此对信度的要求是0.80。综合考虑，本书使用以往学者们使用较多的Nunnally（1978）[223]的标准，即Cronbach α的值达到或者大于0.70即可。

在表本研究用SPSS 16.0对变量的信度进行检验，结果显示所有变量中潜在吸收能力的Cronbach α值最小为0.757，基本达到了可以接受的信度水平。因此，本书收集的变量数据具有较好的一致性、稳定性和可靠性。另外，通过验证性因子分析的方法，计算了各个变量的复合信度（Composite Reliability，CR）值，最小的是0.846，高于0.70，因此变量的复合信度也满足要求。各个变量的Cronbach α值和CR值如表5-2所示。

表5-2　信度效度指标表

变量名称	题项	因子载荷	Cronbach α	AVE	CR
宽度搜寻战略	Q1	0.805	0.825	0.589	0.878
	Q2	0.804			
	Q3	0.716			
	Q4	0.754			
	Q5	0.756			
深度搜寻战略	Q1	0.710	0.863	0.596	0.898
	Q2	0.768			
	Q3	0.701			
	Q4	0.812			
	Q5	0.791			
	Q6	0.840			

续表5-2

变量名称	题项	因子载荷	Cronbach α	AVE	CR
股权式合作	Q1	0.770	0.812	0.573	0.870
	Q2	0.696			
	Q3	0.841			
	Q4	0.753			
	Q5	0.717			
非股权式合作	Q1	0.776	0.796	0.554	0.861
	Q2	0.775			
	Q3	0.667			
	Q4	0.785			
	Q5	0.710			
关系嵌入强度	Q1	0.752	0.898	0.665	0.922
	Q2	0.809			
	Q3	0.847			
	Q4	0.872			
	Q5	0.809			
	Q6	0.798			
潜在吸收能力	Q1	0.787	0.757	0.580	0.846
	Q2	0.824			
	Q3	0.684			
	Q4	0.744			
实际吸收能力	Q1	0.783	0.870	0.611	0.904
	Q2	0.803			
	Q3	0.818			
	Q4	0.752			
	Q5	0.828			
	Q6	0.697			

续表5-2

变量名称	题项	因子载荷	Cronbach α	AVE	CR
产品创新	Q1	0.857	0.864	0.711	0.908
	Q2	0.839			
	Q3	0.831			
	Q4	0.846			
工艺创新	Q1	0.791	0.813	0.645	0.879
	Q2	0.787			
	Q3	0.835			
	Q4	0.798			
环境竞争性	Q1	0.847	0.784	0.705	0.878
	Q2	0.816			
	Q3	0.856			

2.效度分析

(1)内容效度

内容效度（Content Validity）是指量表内容在多大程度上反映或者代表研究者所要测量的构念，主要反映了量表内容契合主题的程度。其评测一般包括三个方面：第一，每一个测量指标是否具有代表性，即这些指标是否恰当地代表了构念定义中某一方面的内容；第二，所有量表的构念是否完全涵盖了研究对象的理论边界，测量指标与构念之间是否能够一一对应；第三，测验指标的分配比例是否反映了构念中各个成分的重要性。由于本量表采用国内外成熟量表翻译，并结合我国语言情境进行了合理修改，因此具有良好的内容效度。

(2)结构效度

结构效度（Construct Validity）的检验，是为了确定测量指标的确反映了同一个理论构念，这样得出的观测值才是有意义的。在良好内容效度的前提下，我们检测了所有变量的Kaiser-Meyer-Olkin（KMO）值，均在0.70以上，适合做因子分析。通过验证性因子分析的方法观测测量指标与假设模型的契合程度来推断测量结果，其因子负荷越大（通常情况下要大于0.50），则表明该测验的内容结构越清晰，整体构念的结构效度也就越高。利用SPSS 16.0对所有变量的测试题项进行了验证性因子分析，分析结果如表5-2中所示，所有测量题项的因子载荷中最小的是0.667，所有因子载荷均在0.50以上，表明变量均具有较好的结构效度。

(3)聚合效度与区分效度

Campbell和Fiske（1959）[225]提出了聚合效度（Convergent Validity）和区分效度（Discriminant Validity）的概念，聚合效度是指在使用不同方式测量同一构念时，所得到的测量分数之间由于反映同一构念而应该高度相关；区分效度是指在应用不同的方法测量不同构念时，它们之间的相关性不应该高于用不同方法测量同一特质时得到的分数。Fornell和Larcker（1981）[226]提出通过计算抽取变异量（Variance Extracted，VE）的方法来估计聚合效度和区分效度。其公式为：

$$VE = \frac{\sum_{i=1}\lambda_{yi}^2}{\sum_{i=1}\lambda_{yi}^2 + \sum_{i=1}\mathrm{Var}\left(\varepsilon_i\right)} \qquad \text{公式（5-1）}$$

Fornell和Larcker（1981）[226]认为抽取变异量一般不能低于0.50，否则该量表的聚合效度就应该受到质疑。通过平均抽取方差变异量测试，如表5-2中所示，最小的AVE值是0.554，高于0.50的最低要求，因此各个变量具有良好的聚合效度与区分效度。

三、分层回归分析

在测试了各个变量的相关系数、内容效度、结构效度、聚合效度与区分效度之后，接下来将用分层回归分析（Hieranrchical Regression Analysis）的方式验证第三章《概念模型的构建与假设的提出》中提出的假设。

1.外部搜寻战略与企业创新之间的关系验证

表5-3是验证外部搜寻战略与产品创新之间的关系。其中，M1—M3是以产品创新为因变量、外部搜寻为自变量的回归分析结果。M1是产品创新与控制变量的回归，结果显示，网络嵌入规模和地理分散度与产品创新有显著的正向关系，*F*值显著。M2在M1的基础上加入了自变量宽度搜寻战略和深度搜寻战略，结果显示方程的拟合度相比M1增加，*F*值显著，且宽度搜寻战略（0.414，$P<0.001$）与深度搜寻战略（0.282，$P<0.001$）的相关系数

都达到了显著水平，表明宽度搜寻战略和深度搜寻战略都与产品创新存在正向关系。利用Paternoster、Mazerolle和Piquero（1998）[227]的Z检验（或T检验）比较两个方程的相关系数，运用公式（5-2）：

$$Z = \frac{b_1 - b_2}{\sqrt{\mathrm{SE}{b_1}^2 + \mathrm{SE}{b_2}^2}} \qquad \text{公式（5-2）}$$

其中，b_1和b_2代表了两个回归方程的回归系数，而$\mathrm{SE}b_1$和$\mathrm{SE}b_2$分别代表了b_1和b_2的标准差，通过该公式，代入宽度搜寻战略与深度搜寻战略的回归系数与标准差，得到Z=1.988，即两个回归系数在0.05水平存在显著差异，宽度搜寻战略与产品创新之间的正向关系比深度搜寻战略与产品创新之间的正向关系更强。因此，基于上述分析，假设H1a和H1b通过了验证。

表5-3　外部搜寻战略与产品创新关系验证表

	产品创新			工艺创新		
	M1	M2	M3	M4	M5	M6
控制变量	—	—	—	—	—	—
企业规模	−0.150	−0.209**	−0.163*	0.103	0.052	−0.266***
企业年限	−0.122	−0.110	−0.089	0.064	0.142*	0.185**
环境竞争性	0.093	0.087	0.045	0.115*	0.191	0.057
网络嵌入规模	0.172**	0.129*	0.110	0.294***	0.230**	0.253***
地理分散度	0.235***	0.199**	0.240***	0.101	0.131	0.068
自变量	—	—	—	—	—	—
宽度搜寻战略	—	0.414*** （S.E.=0.081）	—	—	0.126*** （S.E.=0.083）	—
深度搜寻战略	—	—	0.182*** （S.E.=0.084）	—	—	0.347*** （S.E.=0.071）
R^2	0.158	0.312	0.261	0.167	0.251	0.306
Ajusted R^2	0.087	0.240	0.177	0.112	0.186	0.226
F	2.216**	4.309***	3.078***	3.009**	3.885***	3.833***

注：*p<0.05，**p<0.01，***p<0.001；

M1—M6代表模型1到模型6；

S.E.代表标准误差，用来做Z检验。

M4—M6是以工艺创新为因变量、外部搜寻为自变量的回归分析结果，其中M4是工艺创新与控制变量之间的回归，结果显示环境竞争性、网络嵌入规模和地理分散度与工艺创新之间都有显著的相关关系，*F*值显著。M5和M6在M4的基础上增加了自变量宽度搜寻战略（0.126，$P<0.001$）和深度搜寻战略（0.347，$P<0.001$），两者均达到了显著性水平，且方程拟合度提升，*F*值显著。利用Z检验计算两者对工艺创新回归系数是否存在差异，$Z=-2.023$，即两个回归系数在0.05水平存在显著差异，深度搜寻战略与工艺创新之间的正向关系比宽度搜寻战略与工艺创新之间的正向关系更强。因此，基于上述分析，假设H2a和H2b通过了验证。

2.合作模式与企业创新之间的关系验证

表5-4验证了合作模式与企业创新之间的关系。M7—M8是以产品创新为因变量，合作模式为自变量的回归分析结果，其中M7和M8在M1的基础上增加了自变量宽度股权式合作（0.287，$P<0.001$）和非股权式合作（0.302，$P<0.001$），两者均达到了显著性水平，与模型M1相比，方程拟合度提升，*F*值显著。利用Z检验计算两者对工艺创新回归系数是否存在差异，$Z=-1.241$，即两个回归系数之间不存在显著差异。因此，基于上述分析，假设H4a过了验证，H4b部分通过。

5-4　合作模式与企业创新关系验证表

	产品创新			工艺创新		
	M1	M7	M8	M4	M9	M10
控制变量	—	—	—	—	—	—
企业规模	-0.150	-0.152	-0.093	0.103	-0.241**	0.053
企业年限	-0.122	-0.017	-0.101	0.064	0.156*	0.071
竞争强度	0.093	0.025	0.165**	0.115*	0.182	0.049
网络嵌入规模	0.172**	0.142*	0.172**	0.294***	0.291**	0.281***
地理分散度	0.235***	0.221***	0.231***	0.101	0.088	0.013

续表5-4

	产品创新			工艺创新		
	M1	M7	M8	M4	M9	M10
自变量	—	—	—	—	—	—
股权式合作	—	0.287*** (S.E.=0.086)	—	—	0.255*** (S.E.=0.087)	—
非股权式合作	—	—	0.302*** (S.E.=0.085)	—	—	0.324*** (S.E.=0.083)
R^2	0.158	0.246	0.254	0.167	0.291	0.254
Ajusted R^2	0.087	0.177	0.176	0.112	0.206	0.199
F	2.216**	2.862**	3.824***	3.009**	3.985***	3.423***

注：* p<0.05，** p<0.01，*** p<0.001；

M1—M6代表模型1到模型6；

S.E.代表标准误差，用来做Z检验。

M9—M10是以工艺创新为因变量，合作模式为自变量的回归分析结果，其中M9和M10在M4的基础上增加了自变量宽度股权式合作（0.255，P<0.001）和非股权式合作（0.324，P<0.001），两者均达到了显著性水平，与模型M4相比，方程拟合度提升，F值显著。利用Z检验计算两者对工艺创新回归系数是否存在差异，Z=-0.574，即两个回归系数之间不存在显著差异。因此，基于上述分析，假设H3a过了验证，H3b部分通过。

3.外部搜寻战略与合作模式的耦合关系对企业创新的影响

表5-5验证了外部搜寻战略与合作模式的耦合关系对企业创新的影响。M11—M12是以产品创新为因变量、外部搜寻战略与合作模式的耦合关系为自变量的回归分析结果，其中M11在M1的基础上增加了自变量宽度搜寻战略（0.321，P<0.001）、非股权式合作（0.046，P>0.05）以及两者的交互项（0.377，P<0.001），交互项的系数达到了显著性水平，与模型M1相比，方程拟合度提升，F值显著。另外，M12在M1的基础上增加了自变量深度搜寻战略（0.192，P<0.01）、股权式合作（0.201，P<0.01）以及两者的交互项（0.146，P<0.01），交互项的系数达到了显著性水平，与模型M1相比，方程拟合度提升，F值显著。利用Z检验计算两者对工艺创新回归系数是否存在

差异，Z=1.980，即两个交互项的回归系数在0.05水平存在显著差异。因此，基于上述分析，假设H5a和H5b都过了数据检验。

表5-5　外部搜寻战略与合作模式的耦合关系对企业创新的影响表

	产品创新			工艺创新		
	M1	M11	M12	M4	M13	M14
控制变量	—	—	—	—	—	—
企业规模	−0.150	−0.161*	−0.111	0.103	0.032	−0.105**
企业年限	−0.122	−0.073	−0.061	0.064	0.062	0.164*
竞争强度	0.093	0.164**	0.048	0.115*	−0.113	0.068
网络嵌入规模	0.172**	0.018	0.157*	0.294***	0.221***	0.215***
地理分散度	0.235***	0.192***	0.189**	0.101	0.086	0.066
自变量	—	—	—	—	—	—
宽度搜寻战略	—	0.321***	—	—	0.213**	—
深度搜寻战略	—	—	0.192**	—	—	0.291***
股权式合作	—	—	0.201**	—	—	−0.090
非股权式合作	—	0.046	—	—	0.178*	—
宽度搜寻战略×非股权式合作	—	0.377***（S.E.=0.081）	—	—	0.292***（S.E.=0.083）	—
深度搜寻战略×股权式合作	—	—	0.146**（S.E.=0.084）	—	—	0.547***（S.E.=0.080）
R^2	0.158	0.382	0.322	0.167	0.311	0.388
Ajusted R^2	0.087	0.310	0.209	0.112	0.197	0.297
F	2.216**	4.524***	2.736***	3.009**	2.652**	5.371***

注：* p<0.05，** p<0.01，*** p<0.001；

M1—M6代表模型1到模型6；

S.E.代表标准误差，用来做Z检验。

M13—M14是以工艺创新为因变量、外部搜寻战略与合作模式的耦合关系为自变量的回归分析结果，其中M13在M4的基础上增加了自变量宽度搜寻战略（0.213，P<0.01）、非股权式合作（0.178，F<0.05）以及两者的交互项（0.292，P<0.001），交互项的系数达到了显著性水平，方程拟合度提升，

*F*值显著。另外，M12在M1的基础上增加了自变量深度搜寻战略（0.291，*P*<0.001）、股权式合作（-0.090，*P*>0.05）以及两者的交互项（0.547，*P*<0.001），交互项的系数达到了显著性水平，方程拟合度提升，*F*值显著。利用Z检验计算两者对工艺创新回归系数是否存在差异，*Z*=-2.212，即两个交互项的回归系数在0.05水平存在显著差异。因此，基于上述分析，假设H6a和H6b过了验证。

4.关系嵌入强度与吸收能力的调节效应验证

表5-6验证了关系嵌入强度与吸收能力的调节效应。M15—M18是以产品创新为因变量的前提下，关系嵌入性和吸收能力的调节效应验证，如表5-6所示，宽度搜寻战略、非股权式合作与关系嵌入强度的三者交互项（-0.359，*P*<0.01），宽度搜寻战略、非股权式合作与实际吸收能力的三者交互项（0.373，*P*<0.001），深度搜寻战略、股权式合作与实际吸收能力的三者交互项（0.206，*P*<0.05）与产品创新之间存在显著的正向关系，方程的拟合度良好，*F*值显著。M19—M22是以工艺创新为因变量的前提下，关系嵌入性和吸收能力的调节效应验证，如表5-6所示，深度搜寻战略、股权式合作与关系嵌入强度的三者交互项（0.201，*P*<0.01）与工艺创新之间存在显著的正向关系。

表5-6 关系嵌入强度与吸收能力的调节效应验证表

	产品创新				工艺创新			
	M15	M16	M17	M18	M19	M20	M21	M22
企业规模	-0.170*	-0.161**	0.160*	-0.065	-0.124*	-0.206**	0-.202**	0.055
企业年限	-0.102	-0.064	-0.073	-0.135*	0.131	0.165*	0.147*	0.063
竞争强度	0.141*	0.173**	0.098	0.135	0.092	-0.053	-0.101	-0.099
网络嵌入规模	0.056	0.084	-0.037	0.115	0.206***	0.191**	0.183**	0.202***
地理分散度	0.170*	0.179**	0.091	0.159*	0.038	0.058	0.065	0.073
自变量	—	—	—	—	—	—	—	—
宽度搜寻	0.221***	0.215***	—	—	0.230*	0.235**	—	—
深度搜寻	—	—	0.284***	0.189**	—	—	0.214*	0.124
股权式合作	—	—	-0.188**	0.115*	—	—	0.196*	0.046

续表5-6

	产品创新				工艺创新			
	M15	M16	M17	M18	M19	M20	M21	M22
非股权式合作	0.174	0.105	—	—	0.246*	0.101	—	—
关系嵌入强度	0.269***	—	0.534***	—	0.206*	—	0.207*	—
潜在吸收能力	—	—	—	—	—	0.112	—	—
实际吸收能力	—	0.260***	—	0.314**	—	—	—	0.150*
宽度搜寻战略×非股权式合作	0.432***	0.218***	—	—	0.443***	0.271**	—	—
深度搜寻战略×股权式合作	—	—	0.309***	0.257**	—	—	0.445***	0.274**
调节变量	—	—	—	—	—	—	—	—
宽度搜寻战略×非股权式合作×关系嵌入强度	-0.359**	—	—	—	-0.101	—	—	—
深度搜寻战略×股权式合作×关系嵌入强度	—	—	-0.097	—	—	—	0.201**	—
宽度搜寻战略×非股权式合作×实际吸收能力	—	0.373***	—	—	—	—	—	—
深度搜寻战略×股权式合作×潜在吸收能力	—	—	—	—	—	—	—	0.007
宽度搜寻战略×非股权式合作×潜在吸收能力	—	—	—	—	—	0.088	—	—
深度搜寻战略×股权式合作×实际吸收能力	—	—	—	0.206*	—	—	—	—
R^2	0.460	0.516	0.484	0.379	0.418	0.417	0.463	0.313
Ajusted R^2	0.371	0.403	0.327	0.264	0.302	0.325	0.356	0.208
F	4.968***	5.766***	5.170***	3.302***	4.417***	4.639***	5.332***	3.752***

注：* $p<0.05$，** $p<0.01$，*** $p<0.001$；

M1—M6代表模型1到模型6；

S.E.代表标准误差，用来做Z检验。

基于上述分析，共有4个三项交互项的回归系数显著，为了更好地解释三项交互作用，我们利用Dawson和Richter（2006）[228]的三项交互方法（Three-way interaction method）把三项交互作用表示在图形当中，如图5-1、图5-2、图5-3、图5-4所示。

图5-1展示了宽度搜寻战略、非股权式合作和关系嵌入强度的三项交互作用对产品创新的影响。如图5-1所示，在四个组合方案中，第二个方案（线2）的斜率最大，即随着宽度搜寻战略的实施程度加大，实施非股权式合作并采用低关系嵌入强度的方案能够更好地促进产品创新能力的提升。因此，假设H7通过了验证，图5-1的坡度差异测试如表5-7所示。

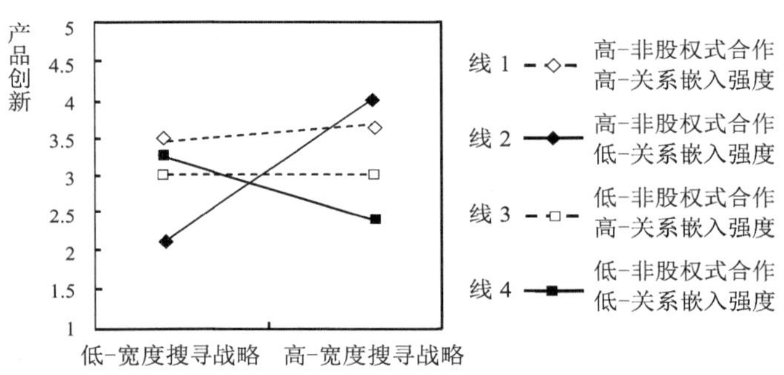

图5-1　宽度搜寻战略、非股权式合作和关系嵌入强度的三项交互对产品创新的影响图

表5-7　坡度差异测试表

比较	坡度差异t值	坡度差异P值
线1—线2	−0.256	0.798
线1—线3	0.040	0.968
线1—线4	0.237	0.813
线2—线3	0.301	0.764
线2—线4	0.508	0.612
线3—线4	0.170	0.865

图5-2展示了深度搜寻战略、股权式合作和关系嵌入强度的三项交互作用对产品创新的影响。如图5-2所示，在四个组合方案中，第一个方案（线1）的斜率最大，即随着深度搜寻战略的实施程度加大，实施股权式合作并采用高关系嵌入强度的方案能够更好地促进工艺创新能力的提升。因此，假设H10通过了验证，图5-2的坡度差异测试如表5-8所示。

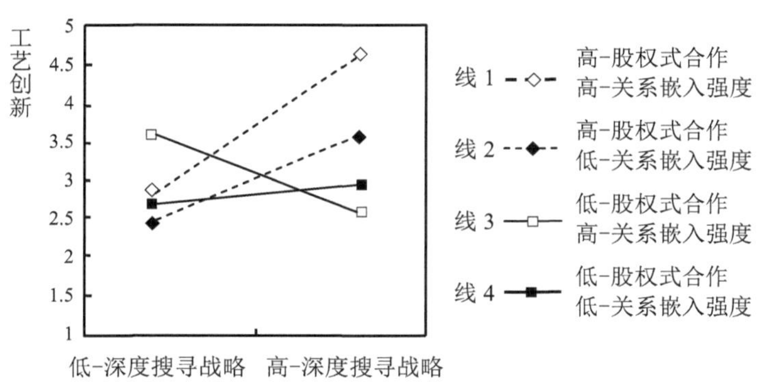

图5-2　深度搜寻战略、股权式合作和关系嵌入强度的三项交互对产品创新的影响图

表5-8　坡度差异测试表

比较	坡度差异t值	坡度差异P值
线1—线2	0.056	0.955
线1—线3	0.358	0.721
线1—线4	0.246	0.806
线2—线3	0.308	0.758
线2—线4	0.157	0.876
线3—线4	-0.198	0.843

图5-3展示了宽度搜寻战略、非股权式合作和实际吸收能力的三项交互作用对产品创新的影响。如图5-3所示，在四个组合方案中，第一个方案（线1）的斜率最大，即随着宽度搜寻战略的实施程度加大，实施非股权式合作并拥有较高实际吸收能力的情况下能够更好地促进产品创新能力的提升。

因此，假设H11通过了验证，图5-3的坡度差异测试如表5-9所示。

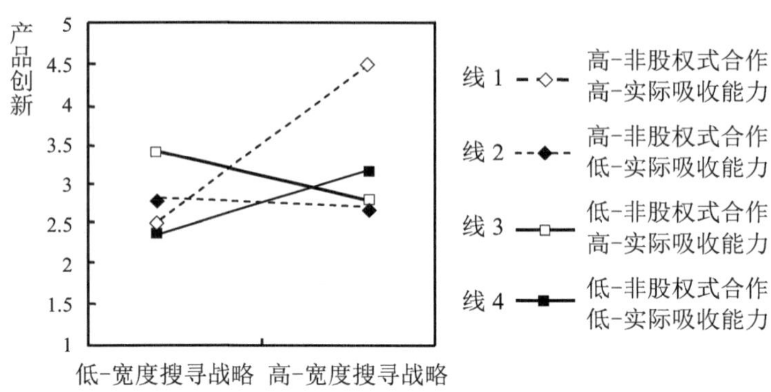

图5-3　宽度搜寻战略、非股权式合作和实际吸收能力的三项交互对产品创新的影响图

表5-9　坡度差异测试表

比较	坡度差异 t 值	坡度差异 P 值
线1—线2	0.264	0.792
线1—线3	0.328	0.743
线1—线4	0.227	0.821
线2—线3	0.067	0.947
线2—线4	−0.100	0.921
线3—线4	−0.179	0.858

图5-4展示了深度搜寻战略、股权式合作和实际吸收能力的三项交互作用对产品创新的影响。如图5-4所示，在四个组合方案中，第一个方案（线1）的斜率最大，即随着深度搜寻战略的实施程度加大，实施股权式合作并拥有较高实际吸收能力的情况下能够更好地促进产品创新能力的提升。因此，假设H14通过了验证，图5-4的坡度差异测试如表5-10所示。

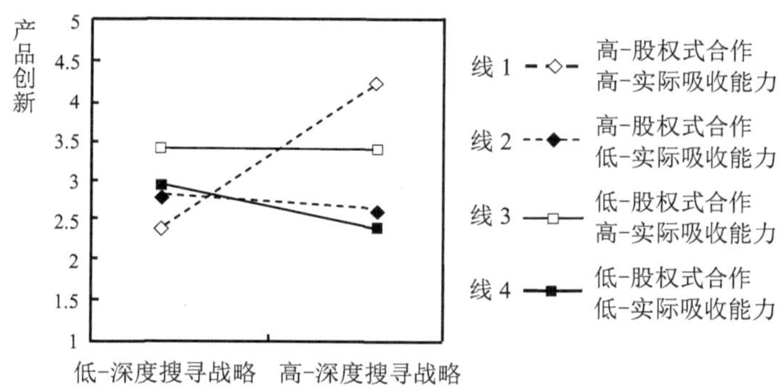

图 5-4　深度搜寻战略、股权式合作和实际吸收能力的三项交互对产品创新的影响图

表 5-10　坡度差异测试表

比较	坡度差异 t 值	坡度差异 P 值
线 1—线 2	0.288	0.773
线 1—线 3	0.263	0.793
线 1—线 4	0.397	0.692
线 2—线 3	−0.024	0.981
线 2—线 4	0.026	0.980
线 3—线 4	0.055	0.957

分层回归分析以及三项交互分析的结果显示，三项交互作用关系当中，H7、H10、H11 和 H14 通过了验证，H8、H9、H12 和 H13 未通过验证。

四、本章小结

本章通过实证研究方法，以 283 家我国制造企业为样本，利用验证性因子分析、分层回归分析、Z 检验和三项交互分析等方法，对本书所提出的假设进行了验证，本书共提出假设 20 个，其中完全支持的有 14 个，未支持的有 6 个，表 5-11 列出了所有假设的通过情况。其中，H3b 和 H4b 虽然未通过验证，但是正相关关系仍然成立，只是 Z 检验未通过，系数之间并不存在显著差异。例如，在 H3b 中，非股权式合作与工艺创新正相关被验证，但是相比H3a较弱的假设部分未被验证；在H4b中，股权式合作与产品创新正相关被验证，但是相比H4a较弱的假设部分未被验证。

假设通过情况如表5-11所示。

表5-11　本书的全部假设通过情况表

全部假设	支持
H1a:宽度搜寻战略与产品创新正相关	是
H1b:深度搜寻战略与产品创新正相关,但相比H1a较弱	是
H2a:深度搜寻战略与工艺创新正相关	是
H2b:宽度搜寻战略与工艺创新正相关,但相比H2a较弱	是
H3a:股权式合作与工艺创新正相关	是
H3b:非股权式合作与工艺创新正相关,但相比H3a较弱	否
H4a:非股权式合作与产品创新正相关	是
H4b:股权式合作与产品创新正相关,但相比H4a较弱	否
H5a:宽度搜寻战略与非股权式合作的交互项与产品创新正相关	是
H5b:深度搜寻战略与股权式合作的交互项与产品创新正相关,但相比H5a较弱	是
H6a:深度搜寻战略与股权式合作的交互项与工艺创新正相关	是
H6b:宽度搜寻战略与非股权式合作的交互项与工艺创新正相关,但相比H6a较弱	是
H7：宽度搜寻战略、非股权式合作与关系嵌入强度的三项交互与产品创新负相关	是
H8：宽度搜寻战略、非股权式合作与关系嵌入强度的三项交互与工艺创新正相关	否
H9：深度搜寻战略、股权式合作与关系嵌入强度的三项交互与产品创新正相关	否
H10:深度搜寻战略、股权式合作与关系嵌入强度的三项交互与工艺创新正相关	是
H11:宽度搜寻战略、非股权式合作与实际吸收能力的三项交互与产品创新正相关	是
H12:宽度搜寻战略、非股权式合作与潜在吸收能力的三项交互与工艺创新正相关	是
H13:深度搜寻战略、股权式合作与实际吸收能力的三项交互与产品创新正相关	否
H14:深度搜寻战略、股权式合作与潜在吸收能力的三项交互与工艺创新正相关	否

第六章

结果讨论

一、假设结果讨论

1.外部搜寻战略与企业创新之间的关系讨论

实证研究验证结果表明，宽度搜寻战略、深度搜寻战略与产品创新和工艺创新之间都存在显著的正向关系，Z检验结果表明，宽度搜寻战略（0.414，P<0.001，S.E.=0.081）比深度搜寻战略（0.182，P<0.001，S.E.=0.084）更能促进企业产品创新能力的提升，而深度搜寻战略（0.347，P<0.001，S.E.=0.071）比宽度搜寻战略（0.126，P<0.001，S.E.=0.083）更能促进工艺创新能力的提升。以下分别从宽度搜寻战略和深度搜寻战略两个方面来讨论其对产品创新和工艺创新带来的不同影响。

一方面，宽度搜寻战略能够有效帮助企业提升产品创新能力，从而使企业能够提升产品多样化程度，降低产品的可替代性，满足市场需求，有效提升企业短期绩效。首先，搜寻宽度越大，组织接触到的外部企业类型就越多、新知识的种类和数量就越多。由于企业固有的单一知识资源往往会限定产品创新思路的开发（Fleming和Sorenson，2004）[190]，通过获取外部新知识提升知识库的可用量，为产品创新提供更多知识基础；其次，宽度搜寻能够帮助组织获取更多的新思路、新机遇和替代方案，为新产品的创造及其差异化优势提供了潜在的可能性

(Henttonen和Ritala，2013)[81]；最后，宽度搜寻使组织不断接触到不同的市场领域，能够较好地扩展组织视野、提升战略柔性、拓宽创新网络范围、增加对新产品的进取性和探索性。

另一方面，深度搜寻战略能够有效提升工艺创新能力，从而使企业能够提升运营效率，改进运作方案，降低生产成本，为企业带来价值提升。首先，搜寻深度越大，组织接触到的同类知识就越丰富，它刻画了组织在多大程度上重复利用现有知识，因此能够帮助企业在现有的知识束上的积累不断提升，提升产品核心技术能力；其次，深度搜寻能够帮助企业降低产品创新过程中错误和失败的可能性，从而有效降低研发成本，缩短产品研发周期，提升产品创新的成功率（Leiponen和Helfat，2010）[56]；最后，通过相似知识的不断积累，企业能够较好地把握和预测已掌握知识的市场前景、竞争对手的技术水平以及技术未来的发展空间，从而比竞争对手更能够把握技术的发展方向，占据产品的核心技术竞争优势。

以我国企业为样本的研究大多属于“线性”假说派，本书结论也支持了线性关系说，这是由于我国企业开放性普遍较低，外部搜寻强度尚未达到“过度”的状态。本书的研究结论一方面支持了张峰和刘侠（2014）[89]、宋晶等（2014）[63]、缪根红等（2014）[90]、邬爱其等（2012）[62]的宽度搜寻、深度搜寻与企业绩效呈正相关关系的结论，该结论对相关理论研究是一个很好的补充，另一方面，宽度搜寻战略与深度搜寻战略对产品创新、工艺创新差异化影响的结论对实务界也能够起到较好的管理指导意义。

2.合作模式与企业创新之间的关系讨论

实证研究验证结果表明，股权式合作模式、非股权式合作模式与产品创新和工艺创新之间都存在显著的正向关系，Z检验结果表明，股权式合作模式（0.287，$P<0.001$，S.E.=0.086）与非股权式合作模式（0.302，$P<0.001$，S.E.=0.085）对企业产品创新能力的影响系数无差异，且非股权式合作模式（0.255，$P<0.001$，S.E.=0.087）与股权式合作模式（0.324，$P<0.001$，S.E.=0.083）对企业工艺创新的影响系数无差异。该结论表明，股权式合作、非股权式合作两种企业间合作模式都有利于企业产品创新、工艺创新能力的提升，且两者对企业创新的促进作用并无显著差异。

由于股权式合作与非股权式合作在组织间合作双方的知识、信息流不同，实现资源的优势互补和风险的共同承担行为方式不同，在实现合作研发的规模经济、缩减费用、缩短研发期限不同，实现技术外部效应的“内部化”的有效性不同，因此，两种不同的合作模式可能对企业的产品创新和工艺创新带来不同程度的影响。基于此分析，本书通过分层回归分析和Z检验的方式验证股权式合作、非股权式合作在企业产品创新、工艺创新中扮演的不同角色，然而实证结果显示股权式合作与非股权式合作在对企业产品创新和工艺创新的促进方面并不存在显著性差异。

究其原因，主要有两个方面：一方面，股权式合作与非股权式合作的过程中涉及的知识范围较广，会同时涉及企业的产品创新能力和工艺创新能力的共同提升，因此在对两者的促进作用上并不存在显著差异；另一方面，分析股权式合作与非股权式合作对产品创新、工艺创新的不同影响应该对情景因素加以限定，才能够有效区分两者的不同作用，在下一步骤的检验中，本书将引入外部搜寻战略与组织间合作模式的耦合关系，在限定外部搜寻战略的前提下，探索不同的合作模式对产品创新、工艺创新的不同影响。

企业创新知识、信息、技术等的发展在传统的封闭式研究和研发环境下是比较困难的，且研发周期长、成本高。为了优化研发过程，企业需要打破传统的封闭式创新，通过跨边界的外部知识获取研发合作伙伴，通过共同研发，一方面提升研发效率和成功率，另一方面能够有效降低风险。交易成本理论认为，企业间合作是实现资源、知识、技术和能力等的有效配置，降低企业运作成本和风险，提升企业整体运作和创新实力的有效方式。许多研究也通过实证方法验证了企业间合作对企业创新能力的促进作用，如孙月华（2011）[107]、Michelino等（2015）[109]、罗芳（2010）[110]等从知识视角、技术视角和风险视角等不同角度审视了企业间股权式、非股权式合作对企业创新能力的有效提升作用。本书虽然没有验证出股权、非股权式合作对企业产品创新、工艺创新的差异化影响，但是数据仍然支持股权式合作、非股权式合作与产品创新、工艺创新之间显著的正向关系。

3.外部搜寻战略与合作模式的耦合关系对产品创新、工艺创新的影响讨论

基于上述讨论，宽度搜寻战略、深度搜寻战略在企业产品创新、工艺创

新能力提升过程中扮演着不同的角色，股权式合作、非股权式合作在对企业产品创新、工艺创新的提升上并无显著差异。本书试图揭示外部搜寻战略与合作模式之间的交互影响对产品创新、工艺创新带来的不同影响。前文假设部分已经分析，宽度搜寻战略与非股权式合作模式相契合，而深度搜寻战略与股权式合作模式相契合，那么宽度搜寻战略与非股权式合作的交互作用以及深度搜寻战略与股权式合作的交互作用对企业产品创新和工艺创新是否产生影响？两种耦合关系是否存在显著差异呢？

分层回归分析检验结果表明：宽度搜寻战略与非股权式合作的交互项（0.377，$P<0.001$，S.E.=0.081）和深度搜寻战略与股权式合作的交互项（0.146，$P<0.01$，S.E.=0.084）对产品创新都有着显著的促进作用，另外，Z检验显示，两者的系数存在显著差异；宽度搜寻战略与非股权式合作的交互项（0.292，$P<0.001$，S.E.=0.083）和深度搜寻战略与股权式合作的交互项（0.547，$P<0.001$，S.E.=0.080）对工艺创新也有着显著的促进作用，且Z检验显示，两者的系数存在显著差异。因此，在限定了外部搜寻战略的前提下，不同的合作模式对企业产品创新、工艺创新是有着不同的作用效果的。在宽度搜寻战略下，采用非股权式合作模式能够有效促进企业产品创新，而在深度搜寻战略下，采用股权式合作模式能够有效促进企业工艺创新。以下针对两种不同的耦合关系分别进行讨论。

在宽度搜寻战略下，非股权式合作模式与之更契合：首先，宽度搜寻战略下的企业往往会构建较多的关系联结，而随着关系联结的增多，关系维护的成本是递增的，而且对企业的资金、人力、时间、管理能力等都提出了严格的要求，由于非股权式合作模式拥有前期资本投入较低、时间成本较低、磨合期较短强、关系的维护成本较低等特点，有利于宽度搜寻战略的开展和后期维护，相反，股权式合作由于前期投入成本高、磨合期长、关系维护成本高，且需要投入巨大的人力和时间，大大限制了宽度搜寻战略的实施和开展；其次，宽度搜寻战略的目的往往是寻求多样化的异质性信息和新颖的创新思路，非股权式合作企业间有较低的资源承诺，通过合作伙伴之间的相互影响和作用，能够帮助主导企业进入新的知识领域，获得新的想法和思路，以及拥有新的可能性，相反，股权式合作由于组织弹性较弱、战略灵活性差、目的性不强，与宽度搜寻战略的初衷相背离。

而深度搜寻战略作为一种重复性、聚焦式的搜寻战略，强调知识资源的搜寻强度和专业性，采取深度搜寻战略的主导企业将会面对许多与自身知识、技术特点相类似的合作伙伴，尤其在自己的知识、技术领域里拥有领先优势的企业。在这种情况下，股权式的合作模式能够与深度搜寻战略更为耦合：首先，深度搜寻战略下的企业通过加强该项技术资源的强度和重复性，降低失败和错误的可能，其合作伙伴往往是与自身知识、技术特征相类似的企业，股权式合作模式能够使主导企业与合作企业之间建立紧密关系，有利于实现知识、技术的共享，帮助企业深度搜寻战略的实施；其次，深度搜寻战略追求在现有知识束的基础上持续性学习和完善，股权合作模式是一个长期的合作过程，有利于现有知识、技术的持续性改进，由于非股权式合作模式合作周期短，往往不能接触到合作伙伴关键、核心的知识、技术资源，不利于深度搜寻战略的实施。

外部搜寻战略与合作模式之间的耦合关系研究仍处于摸索阶段，本书关于外部搜寻战略与合作模式之间耦合关系的探讨有一定的创新性，且从实证研究的角度为其提供了一定的实证基础。但该结论的真实性、可靠性以及适用范围都有待后续研究的进一步开展以及对该研究成果的反复验证，这个过程需要相关研究的学者共同努力来实现。

4.关系嵌入强度的调节效应讨论

在确立了外部搜寻战略与合作模式以后，企业间的关系嵌入强度仍是一个影响知识转移效率的关键性要素。合作双方的交流频率、关系亲密度、信任等都会影响关系嵌入强度，按照其强弱可以划分为强联结与弱联结。强联结、弱联结属性的不同决定了其在知识转移的特征和效率上各不相同。那么在上述外部搜寻战略与合作模式的耦合关系基础之上，引入关系嵌入强度作为情境变量，又会给结果变量带来什么样的影响呢？在探讨了不同的外部搜寻战略与合作模式的耦合关系对企业创新的不同影响之后，本书将关系嵌入强度作为情景因素引入模型，研究外部搜寻战略、合作模式和关系嵌入强度三者之间的交互作用对企业创新的共同影响。实证研究结果表明，宽度搜寻战略、非股权式合作与关系嵌入强度三者的交互项（−0.359，$P<0.01$）与企业产品创新之间有显著的负向关系。深度搜寻战略、股权式合作与关系嵌入强度三者的交互项（0.201，$P<0.01$）与企业工艺创新之间有显著的正向

关系。

由于本书所涉及的变量外部搜寻战略、吸收能力、产品创新与工艺创新都处于企业个体层面，而企业的合作模式、关系嵌入强度处于网络层面，那么就存在一个问题：企业整体合作网络中不同合作模式的关系嵌入强度如果存在较大差异，是否会对实证结果造成影响。首先，合作模式的测量采用了“目前贵公司相关的签约合作项目，其中：股权式合作有____个，非股权式合作有____个”的方式，能够对整体网络中不同的合作模式进行很好的区分，合作网络中个体的差异化程度并不影响实证结果。其次，关系嵌入强度作为网络层面的变量，如果在个体间存在较大差异，则不适合作为调节变量。本书按照合作网络中股权式与非股权式数量的比重大小，将整体数据分成了两组，一组数据的股权式合作比重较高，另一组数据非股权式合作比重较高，T检验显示两组数据的关系嵌入强度并无显著差异，因此，关系嵌入强度可以作为调节变量使用。

通过三项交互图，我们能够较为清晰地观察到关系嵌入强度的调节效应，以下我们从两个不同的耦合关系模式下分别进行讨论。

在宽度搜寻战略与非股权式合作模式的耦合关系下，关系嵌入强度对企业产品创新能力的提升有负向调节作用，这主要由于：首先，宽度搜寻战略与非股权式合作的耦合关系下，组织与外部供应商、客户、高校、科研院所和中介机构等建立了丰富的关系资源，弱联结关系维持成本低，能够最大限度地降低人力成本、资金成本和时间成本，用以更宽泛的外部搜寻以及更多非股权式合作形式的建立，为产品创新提供了更多的可能性；其次，宽度搜寻战略与非股权式合作的耦合关系下，企业会遇到多种多样的新颖知识，而弱联结可以充分发挥信息桥的作用，在异质性、多样化知识转移方面有着明显的优势（Michelfelder和Kratzer，2013）[7]，弱联结具有非冗余性，是获取无冗余外部新知识的重要途径，而这些无冗余新知识是产品创新的重要来源。因此，在宽度搜寻战略与非股权式合作的耦合下，弱联结能够更好地帮助企业提升产品创新能力，相反，强联结维护成本高、知识冗余度高，对资金、人员配置和管理能力的要求高，不利于宽度搜寻战略以及非股权式合作的实施。因此，在宽度搜寻战略与非股权式合作的耦合对产品创新的影响关系中，关系嵌入强度有着负向调节作用。

而在深度搜寻战略与股权式合作模式的耦合关系下，采用强联结的方式更有利于主导企业工艺创新能力的提升，主要原因有：首先，深度搜寻战略与股权式合作的耦合关系有利于合作双方知识库的融合，其中包含工艺创新所需的大量隐性、复杂性、系统性的知识，强联结能够加强双方的亲密度和交流频率，增强合作伙伴的知识转移意愿，有利于知识深度沟通，能够有效转移工艺创新所需的复杂知识和隐性知识（Aubert等，2012）[198]；其次，深度搜寻战略与股权式合作的耦合关系，强联结建立在关系信任的基础上（Bergenholtz，2011）[199]，能够有效减少机会主义行为和道德风险，降低企业间长期合作过程中的行为不确定性，增强知识转移的效率和效果（Low等，2012）[200]。因此，在深度搜寻战略与股权式合作的耦合对工艺创新的影响关系中，关系嵌入强度有着正向调节作用。

目前，关于关系嵌入强度与企业创新之间的关系存在正向关系假说（如许冠南，2008[150]；樊钱涛，2015[153]；简兆权和柳仪，2015[154]），负向关系假说（如Ruef，2002[156]；Perry-Smith，2006[157]），“倒U形”关系假说（如Zhou等，2009[158]；赵莉，2014[159]）和权变的关系假说（如Rowleye等，2000[160]；Michelfelder和Kratzer，2013[7]）。但是，相关研究直接作用关系的相关讨论较多，而缺少权变视角的探讨，本书通过外部搜寻战略与合作模式两个重要变量的引入，对组织间双边关系合作情景进行限定，发现了关系嵌入强度在外部搜寻战略与合作模式的耦合关系对企业创新影响过程中的调节效应，该结论在一定程度上丰富了关系嵌入性研究理论的成果，也在一定意义上有利于指导我国具体管理实践。

5.吸收能力的调节效应讨论

如果说外部知识搜寻为企业创新能力的提升提供了潜在“知识源”，合作模式为实现知识源的转移铺设了“管道”，关系嵌入强度是知识源传输过程中的“阀门”，而吸收能力则衡量了外部知识源向主导企业创新转化的“入闸口”大小。本书借鉴了Zahra和George（2002）[72]对吸收能力概念的拓展，将吸收能力定义为获取、同化、转化和利用的过程，其中获取、同化能力组成了组织的潜在吸收能力，而转化、利用能力则组成了组织的实际吸收能力。潜在吸收能力和实际吸收能力代表着对外部知识两种不同的知识敏感程度，在对外部知识源转化为内部创新的过程中扮演着不同的角色。

通过分层回归分析的验证结果表明，宽度搜寻战略、非股权式合作模式与实际吸收能力三者的交互项（0.373，$P<0.001$）与企业产品创新之间有显著的正向关系。深度搜寻战略、股权式合作与实际吸收能力三者的交互项（0.206，$P<0.05$）与企业产品创新之间有显著的正向关系。通过三项交互图，我们能够较为清晰地观察吸收能力的调节效应，以下我们从两个不同的耦合关系分别讨论。

宽度搜寻战略与非股权式合作的耦合与产品创新的关系中，实际吸收能力有正向调节作用，主要原因如下：第一，在宽度搜寻战略与非股权式合作的耦合关系下，组织会从供应商、客户、中介机构、高校院所等处获取到各种各样的新知识，其中许多的新知识往往与企业自身已有知识的关联性不大，如何将新知识转化成企业可利用知识，并且将其利用到企业产品、服务或技术当中，成了能否创造绩效的关键（Leal-Rodríguez等，2014）[204]，因此，“转化”能力至关重要；第二，Kotabe等（2011）[21]发现，外部获取的知识只有“利用”到企业当中，才能促进新产品的产生，实现市场化，它是将外部新知识的利用作为创新产出的重要因素（Fosfuri和Tribó，2008）[183]。因此，在以产品创新能力提升为前提的宽度搜寻战略与非股权式合作的耦合关系下，以“转化和应用”能力为主的实际吸收能力有着正向调节作用。

在深度搜寻战略与股权式合作的耦合与产品创新的关系中，实际吸收能力有正向调节作用，主要原因如下：第一，深度搜寻战略与股权式合作的耦合关系有利于实现主导企业与合作伙伴之间的知识库融合，多元化、异质性的新知识能够满足产品创新的需求，且深度搜寻的强度与股权式的长期合作能够促进这些多元化、异质性知识的消化与吸收（Enkel等，2010）[93]，如何将这些新知识“转化”为企业可利用知识，将其利用到企业产品、服务或技术当中，成为影响产品创新的一个重要因素；第二，若能结合主导企业自身实际调整、转化和应用，将相关知识商业化与市场化，将会大大促进企业产品创新能力的提升，这便体现在企业对新知识的“应用”能力上。因此，在以产品创新能力提升为前提的深度搜寻战略与股权式合作的耦合关系下，以“转化和应用”能力为主的实际吸收能力有着正向调节作用。

吸收能力在创新相关研究中的调节效应研究颇为多见，学者们普遍认为吸收能力对创新绩效或者能力的提升有着正向的调节作用（如Najafi Tavani

等，2013[177]；Gong和Zhou，2013[178]；Ahlin、Drnovsek和Hisrich，2014[179]；Su等，2013[181]；Tsai，2009[182]；Fosfuri和Tribó，2008[183]），本书借鉴了Zahra和George（2002）[72]对吸收能力的定义，从潜在吸收能力、实际吸收能力两个方面来探索其调节效应，探讨不同外部搜寻战略与合作模式下潜在吸收能力和实际吸收能力所扮演的不同角色。本书支持实际吸收能力在产品创新中的积极作用，在一定程度上丰富了吸收能力的相关研究，同时也有利于吸收能力理论与知识基础理论、交易成本理论之间的交叉融合与共同发展。

二、理论贡献

本书在现有文献和理论的基础上，在分布式创新的大背景下，提出了企业通过外部搜寻提升企业产品创新、工艺创新的一个整合框架：外部知识搜寻为企业创新能力的提升提供了潜在知识源，我们形象地称之为“源头”；由于外部知识默会性和嵌入性的存在，合作模式为实现知识源的转移提供了渠道，我们形象地称之为“管道”；关系的强弱在知识转移上扮演着不同的角色，因此关系嵌入强度是知识源传输过程中的“阀门”；而吸收能力则衡量了企业将外部知识转化为创新的效率，可形象地称之为外部知识源向主导企业创新转化的“入闸口”。

一些学者探讨了外部搜寻对创新的重要性和战略意义（如Leiponen和Helfat，2010[56]；Grimpe和Sofka，2009[71]），一些学者分析了股权式合作与非股权式合作模式下的企业合作创新行为特征（如Michelino等，2015[109]；唐璐，2007）[107]，一些学者研究了不同关系嵌入强度在知识转移过程中造成的不同影响（如Michelfelder和Kratzer，2013[7]；Kozan和Akdeniz，2014[152]），还有一些学者探索了不同吸收能力对创新提升的关键作用（如Najafi Tavani等，2013[177]；Ahlin等，2014[179]），然而，较少有人将这些影响分布式创新的关键因素整合到一个模型框架当中。本书希望通过理论回顾和文献分析，在现有研究的基础上提出一个新的分布式创新的框架，一方面，该视角融合了分布式创新过程中遇到的外部搜寻战略选择、合作模式选择、关系嵌入强度选择问题，以及对企业自身的外部知识的潜在吸收能力和实际吸收能力的要求，从一个侧面加深对分布式创新过程的理解和认识；另一方面，在分布式创新框架下，通过知识基础理论、交易成本理论、关系嵌入性理论和吸收能力理论的结合，促进各个理论之间的交叉融合和共同发展。本书的理论贡献主要体现在以下四个方面。

1.加强了产品创新、工艺创新前因变量的组织间视角研究

分布式创新通过跨企业边界实现资源互补的方式较好地缩短了复杂产品或者工艺的研发周期，分布式创新在强调外部资源重要性，注重优势互补与资源的分布式实现的同时，往往忽视了外部搜寻的价值（Leiponen和Helfat，2010）[56]。搜寻理论是创新理论相关研究当中不可或缺的一个部分（Grimpe和Sofka，2009[71]），然而，目前搜寻相关的研究往往忽略了组织间的合作机制（熊伟等，2011）[92]，因此，本书将外部搜寻与合作模式引入分布式创新整合框架，作为外部信息源的“源头”与“渠道”，从以下两个方面为产品创新、工艺创新的组织间视角研究做出贡献。

首先，从权变的视角探索了不同外部搜寻战略对企业不同创新能力的作用关系。外部搜寻与企业创新之间的关系一直以来都是学术界备受关注的话题。按照目前主流研究观点的不同，可以将其分为“倒U形”关系假说派（如Katila和Ahujia，2002[60]；Phene等，2006[87]；Laursen和Salter，2006[59]；Wu，2013[61]）和“线性”关系假说派（Chiang和Hung，2010[66]；邬爱其，2012[62]；张峰和刘侠，2014[89]；宋晶等，2014[63]；缪根红等，2014[90]；Heyden等，2012[88]；Henttonen和Ritala，2013[81]）。然而，外部搜寻与创新的相关研究一直以来重点关注外部搜寻对创新绩效的直接影响，缺少从权变角度的分析与思考，且倾向于把技术创新视作“创新性”或“创造力”，忽视了技术创新的可选择性。本书从企业创新的产品创新和工艺创新两个方面来研究，发现外部搜寻战略的不同意义，从权变的视角来看待外部搜寻与企业创新之间的关系，通过细分外部搜寻战略和企业创新，试图从另一个视角打开其内部黑箱，对现有文献是很好的补充。

其次，充分考虑了外部搜寻过程组织间合作的合作模式。在探讨知识搜寻与创新的关系的时候，现有研究对组织间的内部连接元素研究不足（Ocasio，2011）[91]，只强调外部搜寻对结果变量（包括创新、绩效、能力提升等）的影响，未充分强调组织间合作关系的纽带作用（熊伟等，2011）[92]，单一关注搜寻对创新绩效的直接效应而忽略了知识获取过程中合作关系的建

立。基于此类观点，本书引入了组织间的合作模式（包括股权式合作与非股权式合作），考虑了外部搜寻过程组织之间的组织合作因素，一方面，通过股权式与非股权式合作模式的引入，有助于解决外部搜寻理论内部合作机制缺失的问题；另一方面，通过合作机制的引入，大大缩减了外部搜寻到结果变量的距离，使得外部搜寻与结果变量之间关系的相关研究结论具有更强的真实性和可靠性。

2.促进知识基础理论与交易成本理论的交叉融合

一方面，知识基础理论重点强调企业合作过程中知识的属性与特征给企业带来的利益，往往不考虑知识转移本身具有的交易成本、机会主义行为等；另一方面，交易成本理论重点关注企业合作过程中的交易成本、机会主义行为等，往往不考虑知识所具有的属性、特征给企业带来的重要影响。本书通过知识基础理论与交易成本理论的碰撞，充分考虑了知识给企业带来的潜在利益以及可能存在的交易成本，两种不同理论的交叉融合，有利于进一步揭示外部搜寻、合作模式给企业产品创新、工艺创新带来的影响。

在外部搜寻的过程中，知识存在默会性与嵌入性，主导企业很难吸收和利用这种知识，在这种背景下，主导企业需要同重要知识持有者建立一种产权组织形式。普遍认可的是，通过外部搜寻能够获取外部知识、资源，通过组织间合作能够降低风险与成本。然而，在以往的跨组织边界创新相关研究中，基于知识基础理论的外部搜寻相关研究和基于交易成本理论的组织间合作相关研究作为两个独立的领域，在各自的领域都有着丰富的研究成果，很少有研究能够把两者联系起来，即将企业的外部搜寻战略与组织间合作模式相结合。

本书通过外部搜寻战略与组织间合作模式的结合，研究两者之间的耦合关系对企业创新的影响。首先，揭示了外部搜寻与组织间合作关系的构建是密不可分的，现有外部搜寻研究关注获取外部知识的同时忽略了知识转移渠道建立的关键性，通过外部搜寻与合作模式相结合，把知识基础理论与交易成本理论交叉融合，为后续研究提供了一个新的研究视角；其次，宽度搜寻与非股权式合作相契合、深度搜寻与股权式合作相契合的结论有助于丰富分布式创新管理理论，帮助我国企业指导管理实践，通过两种搜寻战略与合作模式的耦合关系的建立，有目的地提升自身产品创新能力和工艺创新能力，从而提升企业创新的效率。

3.丰富了关系嵌入理论研究

强联结、弱联结在知识转移上具有各自的优点和缺点，是影响企业间合作创新的重要变量之一（Michelfelder 和 Kratzer，2013[7]；简兆权和柳仪，2015[154]）。在前人研究的基础上，本书从以下两个方面对关系嵌入性理论研究做出一些贡献。

一方面，关系嵌入强度对企业创新的影响作用上尚未形成一致结论，正向关系假说、负向关系假说、“倒U形”的关系假说深化了“关系嵌入悖论”的相关研究。本书从权变视角出发，将关系嵌入强度作为情景变量引入模型，根据关系嵌入强度在组织间合作创新过程中交流频率、信任程度、亲密程度、关系质量等的不同，揭示其在合作研发中知识转移过程中的不同特征，进而检验其在不同搜寻战略与合作模式的耦合关系下的调节效应。本书通过权变的视角探讨不同情景下关系嵌入强度的调节作用，丰富了关系嵌入性理论研究，为关系嵌入性研究争论提供了一个情景化视角。

另一方面，关系嵌入性理论的发展离不开与其他理论的碰撞与融合，目前关系嵌入性理论与知识基础理论的交叠较为突出，本书通过探讨外部搜寻战略、合作模式的耦合关系在不同关系嵌入强度下对产品创新、工艺创新的影响，通过关系嵌入性强度的引入，将外部搜寻战略与组织间合作过程中的关系嵌入性要素融入模型，有利于知识基础理论、交易成本理论与关系嵌入性理论之间的交叉发展。

4.深化了吸收能力理论研究

潜在吸收能力代表了一个企业通过外部关系网络跨边界获取外部知识和理解新知识的能力，而实际吸收能力代表了一个企业能够将从合作伙伴那里获取和吸收的外部新知识与已存在的知识相结合，升级转化之后应用到企业实际的能力。这两种能力被认为是影响创新的重要前因变量（Ahlin，Drnovsek 和 Hisrich，2014[179]；Ritala 和 Hurmelinna-Laukkanen，2013）[180]。本书将吸收能力引入模型，从以下两个方面对吸收能力理论研究做出一些贡献。

一方面，以往研究大多支持吸收能力都能够有效促进企业创新，然而许多研究将技术创新作为一种“创新性”或“创造力，而忽视了技术创新各个维度的划分。本书通过对比研究，探讨潜在吸收能力、实际吸收能力在不同搜寻战略与合作模式的耦合关系下对企业产品创新、工艺创新能力提升过程中的不同调节作用，为吸收能力理论研究提供了一个新的视角，不仅有利于理解潜在吸收能力、实际吸收能力对知识源转化为创新过程中的不同作用，还有利于揭示两种不同的吸收能力所转化创新的差异化结果。

另一方面，目前研究大多关注潜在吸收能力、实际吸收能力对企业创新的直接影响，但缺少权变视角。本书探讨在不同的吸收能力情景下，外部搜寻与合作模式对企业产品创新、工艺创新的差异化作用，通过不同情景下调节作用的探讨，丰富了结果的可讨论性，也增强了结论的真实性与可靠性，同时相关结论具有更高的可借鉴意义。

三、实践意义

1.对企业外部搜寻战略的意义

产品创新使企业能够提升产品多样化程度，降低产品可替代性，满足市场需求，有效提升短期绩效；而工艺创新使企业能够提升运营效率，改进运作方案，降低生产成本，为企业带来价值提升。本书验证结果表明：宽度搜寻战略对企业产品创新能力的提升更有帮助，深度搜寻战略对企业工艺创新能力的提升更有帮助。因此，在企业通过分布式创新实现产品创新、工艺创新的过程中，企业应根据自身能力提升要求，制定相应的外部搜寻策略。企业以创新为导向实施外部搜寻战略，一方面，能够帮助企业针对创新所需知识的不同制定不同的外部搜寻战略，另一方面，能够在一定程度上帮助企业节约资源、降低成本，实现外部搜寻价值的最大化。

2.对组织间合作模式的意义

股权式合作与非股权式合作具有不同的特征，在组织间合作创新的过程中发挥着各自不同的作用。在搜寻到了外部合作伙伴之后，通过与之建立合作关系，能够更好地促进知识转移。本书研究结果表明：宽度搜寻与非股权式合作的耦合关系能够有效提升企业产品创新能力，深度搜寻与股权式合作的耦合关系能够有效提升企业工艺创新能力。因此，在制定合理的合作模式时，需要考虑相应的外部搜寻战略。通过外部搜寻战略与合作模式匹配，两者共同发挥优势，能够更加有效地促进企业创新能力的提升。

3.对企业间关系嵌入强度的意义

强联结、弱联结在知识转移过程中扮演着不同的角色，且两者的关系维护成本不同。在企业分布式实现产品创新、工艺创新的过程中，构建不同的双边关系联结，对企业产品创新、工艺创新有何不同影响？本书研究结果表明：宽度搜寻战略、非股权式合作与关系嵌入强度三者之间的交互作用负向影响企业产品创新，深度搜寻战略、股权式合作与关系嵌入强度三者之间的交互作用正向影响企业工艺创新。因此，在构建组织间关系联结的时候，需要充分考虑企业的外部搜寻战略与企业间的合作模式。在以产品创新能力提升为前提的宽度搜寻战略和非股权式合作模式的耦合关系下，通过弱联结构建企业间双边关系，而在以工艺创新能力提升为前提的深度搜寻战略与股权式合作模式的耦合关系下，通过强联结构建企业间双边关系。因此，通过外部搜寻战略、合作模式与关系嵌入强度之间合理的协调匹配，能够有效促进企业产品创新和工艺创新能力的提升。

4.对企业吸收能力的意义

吸收能力在知识源转化为创新的过程中扮演者重要的作用。本书研究结果表明：宽度搜寻战略、非股权式合作与实际吸收能力三者之间的交互作用正向影响企业产品创新，深度搜寻战略、股权式合作与实际吸收能力三者之间的交互作用正向影响企业产品创新。无论在宽度搜寻战略与非股权式合作的耦合关系下，还是在深度搜寻战略与股权式合作的耦合关系下，实际吸收能力对企业产品创新能力的提升都有着正向调节作用。因此，企业加强以转化、利用为主导的企业实际吸收能力，能够有效促进企业知识源向创新的转化，从而提升企业产品创新能力。

第七章

案例研究

一、案例研究简介

（一）案例研究方法

案例研究方法在社会科学研究领域被广泛采用，是社会科学理论研究的重要方法。20世纪80年代，Koontz（1980）[229]在其著作中肯定了案例学派在理解问题、探寻规律、修正理论方面的重要作用，继而引发了管理学界对案例研究方法的关注。此后许多学者通过案例研究方法探索企业管理实践，并总结出许多现代管理理论的发现与创新，如公司文化、公司重组、平衡积分卡等理论的创新。Gross等（1971）[230]所著的《组织创新的实施》虽然只对一个案例进行了研究，但是该书却成了创新理论的分水岭，此后学者们关于创新理论的研究才由“创新的障碍”转向“实施创新的步骤”，由此可见，案例研究的品质在于它的效用而非案例本身的多少。本书的研究目的在于探索企业不同的外部搜寻战略、合作模式对企业产品创新、工艺创新的差异化影响，因此，本书采用实证分析与探索性案例研究方法并用的方式，先通过大样本数据的实证分析得出研究结论，之后利用案例来检验实证分析结论的真伪。实证分析与案例研究相结合，能够更好地实现理论与实践的紧密联系，确保本书的实证结论具有较好的真实度与可靠性。

案例研究可以使用一个案例（Single Case），也可以包含多个案例（Multiple Cases），其中，单个案例研究可以用作确认或挑战一个理论，也可以用作提出一个独特的或极端的案例，而多案例研究的特点在于它包括了两个分析阶段：案例内分析（Within-case Analysis）和跨案例分析（Cross-case Analysis）。单个案例研究一般能说明某方面的问题，但用来搭建知识结构的框架是远远不够的，个案研究的核心在于纵向上的"深度"（深度理解），而不是横向上的"宽度"（代表性）。多案例研究法能使案例研究更全面、更有说服力，能提高案例研究的有效性，比如多个案例可以同时指向一个证据，或为相互的结论提供支持。选择单个案例还是多案例与研究的性质有关，在以下情况中可以选用单个案例：一是所用的单个案例已经能够说明研究的问题或支持研究的构念有效性，二是极端的、独特的和稀有的案例。多案例的研究能够更全面地了解和反映案例的不同方面，从而形成更完整的理论，多案例的研究使案例研究成为一种更严格、更科学、更加具有理论验证能力的研究方法。

在本书当中，案例研究放在实证分析之后，其目的是使相关理论或者结论进一步阐明一组决策为什么会被采用（外部搜寻战略）、如何来执行（合作模式）以及诸因素之间的关系（对技术创新的影响）等。由于单个案例研究能够解释研究问题，且单个案例研究能够保证案例研究的深度，并能更好地了解案例的背景，以及满足构念的信度和效度，另外，个案研究是证伪的一个重要途径。因此，本书选择单个案例研究作为案例研究部分的主要方法，试图通过单个案例分析对研究的实证结果形成更有力的解释，使得研究更具完整性。

（二）样本企业选择

案例选择的标准与研究的对象和研究要回答的问题有关，它确定了选择什么属性的案例能为研究带来更为有意义的数据。Yin（1994）[231] 根据案例数量以及分析层次，将单个案例研究分为两种主要形式：单个案例单层次研究和单个案例多层次研究。单个案例单层次即访谈对象只有一个人，分析层次以个人为主，而单个案例多层次是对一家企业进行个体层面、领导层面、团队整体层面的综合访谈与分析。根据本书的研究内容为我国企业分布式创新过程中的外部搜寻行为与合作行为，因此企业作为被研究单位，由于研究的问题集中在企业层面的搜寻战略、合作模式与技术创新，本书采用单层次对相关问题进行分析，另外，由于本书采用的是验证性案例研究，因此采用单个案例单层次研究方法。考虑到本书的研究内容为外部搜寻战略、合作模式对企业产品创新、工艺创新的影响，对案例研究的样本企业提出了如下要求。

1.样本企业最好同时拥有较多的产品创新和工艺创新

由于因变量是产品创新和工艺创新，而且在实证分析部分重点探讨了不同的搜寻战略、耦合关系对产品创新和工艺创新带来的差异化影响，因此，在单个案例单层次研究的样本企业中，最好同时拥有产品创新和工艺创新，便于在单个案例中分析和探讨样本企业不同的搜寻战略与合作模式对产品创新、工艺创新带来的不同影响。拥有的产品创新、工艺创新数量越多，越能够在众多创新行为中发现规律，从而对文本实证分析结果进行证实或证伪。因此，同时拥有较多产品创新和工艺创新是案例样本选择的第一条重要要求。

2.样本企业最好拥有产品和工艺的合作研发行为

所谓合作研发行为，即企业打破组织边界，从外部搜寻合作伙伴，并通过与合作伙伴建立联结，形成知识从企业外部到企业内部的流动，从而提升企业自身创新水平的行为。之所以要求样本企业拥有合作研发行为，是因为本书要求样本企业拥有外部搜寻行为以及不同的合作模式（股权式合作以及非股权式合作），从而对实证分析结果中的“宽度搜寻战略更有利于产品创新的产生，深度搜寻战略更有利于工艺创新”以及“宽度搜寻战略与契约式合作的耦合有利于产品创新的产生，深度搜寻战略与股权式合作的耦合有利于工艺创新的产生”等形成更好的解释。

基于以上两点，本书选择了XBCD公司作为研究的样本案例。XBCD公司是我国唯一研究开发并生产NbTi合金锭、棒，NbTi/Cu、Nb3Sn/Cu复合超导线材的专业化公司。公司以超导技术为基础，开发攻关，目前已形成了以超导材料、稀有金属材料和国防用特种钛合金材料为核心的三大产品体系，产品广泛应用于国防军工、航空航天、生物医疗、石油化工、能源交通等多个领域，且其在冷镦用XX棒材组织控制技术、均匀性控制技术、纯净化熔炼控制技术、组织性能均匀控制技术以及批次稳定性控制技术等方面在国际上遥遥领先，承担了国家自然科学基金重点计划项目“863”“973”计划，取得了国家级、省部级众多专利，多项产品获得国家重点新产品称号，现已成长为国内最具创新能力的新材料企业之一。XBCD公司与国内外高校、研究所、其他企业构建了自己的创新网络，通过共同研发，提升自身的产品创新、工艺创新实力。因此，XBCD公司作为单个案例研究的对象是较为合适的。

（三）调研方案

在选择合适的案例之后，关于如何获取相关数据和资料，我们主要的途径包括：当面访谈、文本资料和网络资料。整个调研的过程可以分为三个主要的阶段，分别是：制定访谈提纲阶段、访谈与初稿撰写阶段以及核实与补充阶段。整个调研的过程控制参照了《案例研究方法：理论与范例》[232]一书。

1.制定访谈提纲

在正式访谈之前，首先通过网络渠道获取XBCD公司的主页信息、新闻报道、研究报告以及公司年报和半年报，在仔细研读之后，对公司的基本概况、最新发展动态形成一定的认知。结合本书研究的相关内容，列出本案例研究所需要关注的要点，并围绕这些要点提出问题，将问题按照层次编写访谈提纲初稿。在初稿形成之后，在研究小组内部进行访谈测试，进而对访谈提纲进行调整，之后，请案例研究的专家对访谈提纲提出完善建议，并最终形成访谈提纲。

2.访谈与初稿撰写

在访谈提纲确定之后，进入访谈与初稿撰写阶段。被访谈者为XBCD公司的总经理刘某，刘经理是XBCD公司的创始人之一，对XBCD的公司发展历程与各项业务都有着较高的熟悉程度，能够对相关问题进行真实客观的解答，满足本案例的访谈要求。本次的访谈时间为40～50分钟，采取一对一聊天模式，访谈效果良好，被访者能够对访谈提纲中的问题形成较为全面的解答。之后，我们复印了XBCD公司的相关文本资料，结合访谈记录以及网络资料（包括公司研报、半年报、年报、新闻报道等），整理思路并着手撰写案例初稿。

3.核实与补充

在初稿形成之后，我们进行了二次访谈，此次访谈的目的是确保其真实性与完整性。本次被访者包括XBCD公司的总经理刘某以及业务部经理徐某，他们二人对案例研究的初稿进行了研读，并提出了各自的修改建议和补充建议。在刘某与徐某相关建议的基础上，我们对案例的初稿进行了修改和补充，形成最终的案例研究报告。

二、案例介绍

XBCD材料科技股份有限公司（以下简称为XBCD）是一家从事高端钛合金材料和超导材料研发、生产和销售的高新技术企业。该企业于2003年2月28日注册成立，注册资本为22580万元。公司位于西安经济技术开发区，占地面积550亩。公司的经营理念是“以人为本，以德为先，求实创新，和谐发展”，战略目标为“打造国际化先进企业，谋求长期发展”。目前公司已被陕西省、西安市分别认定为高新技术企业，通过了ISO9001质量体系认证、国军标体系认证、AS9100B国际宇航认证，并取得了全国首批钛材加工许可证、武器装备科研生产许可证及30多家航空、航天、医疗、石油、化工等企业和科研机构的合格供方认证。XBCD材料科技股份有限公司主要从事高端钛合金材料和低温超导材料（包括铌钛和铌三锡超导材料）的研发、生产和销售，是我国航空用钛合金棒丝材的主要研发生产基地。公司的主要产品包括钛合金棒材、丝材、异型材；铌钛（NbTi）超导线材、铌三锡（Nb3Sn）超导线材。其中，钛材主要用于生产航空锻件（包括飞机结构件、紧固件和发动机部件等），最终用于飞机制造；低温超导线材主要用于高场磁体制造，最终用于大型科学工程、先进装备制造领域，包括国际热核聚变实验堆（ITER）、磁共振成像仪（MRI）、核磁共振谱仪（NMR）、磁控直拉单晶硅（MCZ）等。

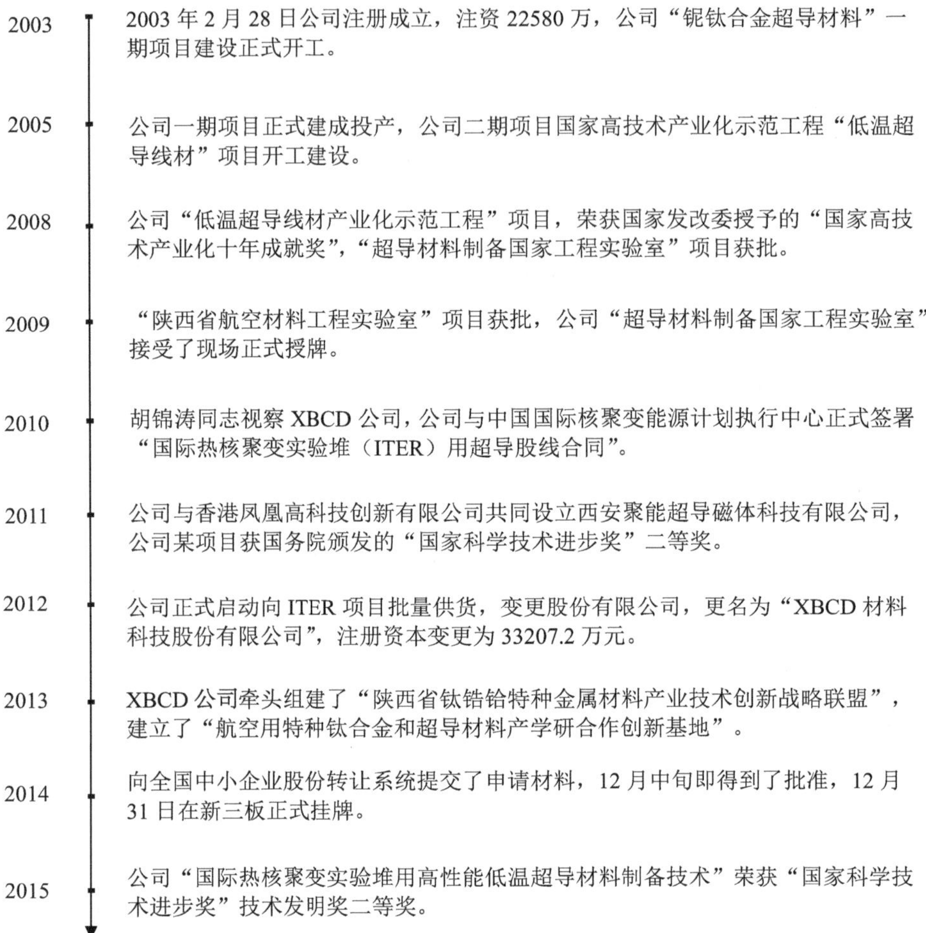

图7-1　XBCD公司重要里程碑事件图

2003年成立以来，XBCD公司一直坚持自主创新路径，公司下设熔铸厂、锻造厂、棒材厂、线材厂、型材厂、质量检测中心及研发部等九部一室。拥有国际先进的5吨、8吨真空自耗电弧炉，800吨、1600吨、4500吨大型油压锻造机组，进口精锻机、辊模拉丝机、70吨70米拉床，以及真空热处理炉和专业化的质量检测仪器等400余台套设备。具备了年产6000吨铸锭、3000吨棒材、400吨NbTi与Nb3Sn超导线材以及100吨型材的生产能力。XBCD公司以具有完全独立自主知识产权的超导技术为基础，开发攻关，2015年，公司获授权专利27项，其中发明专利26项，全年负责或参与制定国际标准/行业标准共14项（国际标准1项、国际军工标准1项、国际标准7项、行业标准5项），制定内部标准75项。截至2015年底，公司共获授权专利172项，其中发明专利147项。TC16、Ti1023、TC17、Cu0.5Mn、Cu5Ni基Nb47Ti、Nb_3A1超导线材等科研课题取得了重要技术突破，已形成了航空航天用特种钛合金材料、医疗用钛合金材料和超导材料三大主体产品系列。产品应用定位于航空、航天、医疗、能源、交通、石化、汽车等多个领域，已出口到美国、日本、欧洲等发达国家及地区。

在企业战略方面，作为高科技企业，公司自成立之初就瞄准国内紧缺领域，产品定位于“国内空白、国际先进”，通过“生产一代、开发一代、储备一代”的经营战略，在行业内保持领先地位。公司的商业模式为：以技术研发引领销售，以重点型号、重大项目的急需为己任，满足国家在军工、能源、医疗等关键领域的高端需求。XBCD自成立以来，在军用飞机及ITER项目等国家重要战略领域的关键材料研制方面取得了重大突破：自主研发并批量生产出多种航空用新型钛合金，打破了欧美发达国家对我国航空关键钛合金材料的技术封锁和禁运；自主研发并批量生产出低温超导线材，填补了国内空白，代表中国为ITER反应堆核心装置提供关键材料；成功地走出了一条将实验室成果产业化的自主创新之路，成为中国高端钛合金和低温超导材料领域的领军企业。短短十三年时间，XBCD公司一跃成为国内唯一拥有超导材料制备国家工程实验室，唯一实现低温超导线材商业化生产，唯一研究开发并生产NbTi合金锭、棒，NbTi/Cu、Nb3Sn/Cu复合超导线材的专业化公司，也是目前国际上唯一的铌钛（NbTi）锭棒及线材全流程生产企业。

在技术水平上，XBCD公司坚持以“创新增效”为工作中心，过去十几年平均R&D水平在5%左右，成功走出了一条技术创新之路，在2010年1月25日胡锦涛同志视察期间得到了高度赞扬；在市场竞争中，XBCD公司抢占市场优势，通过新三板上市融资，扩张销售规模，成为行业实力领头羊，2015年销售额突破9亿元。

在企业生产设备方面，XBCD也一直坚持以自主研发设计为主，打破国际技术封锁，形成了自己独具特色的核心竞争力。科研经费方面，该企业研发投入超过销售收入的10%，处于国内领先水平。2015年运行课题/项目30个（其中延续课题12个，新开课题18个），外部课题共计11个：军品配套6个、科技部项目5个；公司内部课题共计19个：钛合金棒材12个、钛合金机理研究1个，高温合金1个、超导材料3个、模拟类1个、H合金1个。

在创新人才方面，XBCD非常重视各类具有创新性的高端人才吸收与培养，目前公司拥有多位院士担任企业顾问，同时拥有一批相关领域的专家组成的核心技术创新团队，公司全体员工中本科以上学历人员占到60%，其中包括硕士130人多人、博士40人。为了能够使技术研发与技术成果转化顺利连接与融合，XBCD形成了其独特的人才培养和使用模式。进入公司的优秀研发人员必须学会生产线上的操作，对技术转化过程和技术拥有足够的掌握程度，而技术工人也要学会将其在生产过程中所产生的创新设计灵感准确表达出来，应用到研发过程中。这也就是该公司所秉承的“优秀的研发人员善用笔，也会用工具；优秀的技术工人善用工具，也会用笔”的理念，顶尖的创新团队和极具凝聚力的优秀企业精神推动着XBCD不断向高处迈进，实现我国企业创新路径的可持续发展。

在研发能力方面，XBCD汇聚了国内多名超导材料和稀有金属材料专家，形成了以5名院士为顾问，以国家核聚变技术委员会委员、国家或陕西省有突出贡献中青年专家、国务院政府特殊津贴专家等为带头人，包括多名博士、硕士组成的老、中、青结合的超导材料和钛合金材料专业研发队伍，核心管理层由3名归国博士组成。公司拥有超导材料制备国家工程实验室、陕西省航空材料工程实验室、博士后工作站、国家认定企业技术中心、国家技术创新示范企业等多个创新平台，开展新材料、新工艺、新装备等的研发和工程化。2015年承担军品配套项目6个，科技部“863”项目1个，“973”项目2个，国际合作项目2个，取得授权专利27个，省部级以上成果签订1项，获SCI索引论文9篇，参与制定国标/行标共14项，已经拥有了较强的研发实力。

三、案例分析

（一）XBCD公司的宽度搜寻战略、非股权式合作与产品创新

XBCD公司的创始人刘经理表示，公司的钛合金和超导产品能够广泛地

应用到航空航天、医药、电子通信等多个领域，为了坚持持续创新的道路，XBCD公司与国内外众多的高校、科研院所、供应商、客户等都有着广泛的联系，通过互相交流与合作，寻找创新思路并将创新思路转化为创新成果，进而创造增益效益。这种在企业边界之外广泛寻找合作伙伴的行为，即是一种宽度搜寻行为。根据刘经理的论述，XBCD的合作伙伴主要包括ITER组织、中国科学院近代物理研究所、中国科学院等离子体物理研究所、美国密歇根州立大学、西北核技术所、电子科技大学、俄罗斯库尔恰托夫研究所、中国科学院兰州近代物理所等。XBCD公司通过宽度搜寻战略的实施，与企业边界外部组织建立了广泛的合作关系，通过合作单位之间知识的流动，促进了XBCD创新能力的提升，以下将通过几个合作伙伴的例子对该观点加以论述。

1.与ITER组织的合作

ITER，国际热核聚变实验堆，是目前全球规模最大、影响最深远的国际科研合作项目之一，它旨在模拟太阳的核聚变反应产生能量并实现可控利用，俗称“人造太阳”。作为国际热核聚变实验堆（ITER）项目中国唯一超导线材供应商，从2011年起，XBCD公司的NbTi超导线材及Nb3Sn超导线材全面进入批量化供货阶段。该公司于2010年底与中国国际核聚变能源计划执行中心（简称CNDA）正式签署了超导股线供货合同。按照合同要求，超导线材需严格经过三个阶段的生产。ITER组织和CNDA在西安就公司生产的ITER项目第二阶段NbTi超导线材（3吨）和Nb3Sn超导线材（500公斤）生产情况进行了评审。经过对超导线材生产情况、性能稳定性及质量保证体系进行详细审查与分析后，ITER组织专家和CNDA专家一致认为：超导公司生产的NbTi和Nb3Sn超导线材的各项性能指标优异，具有较高的稳定性，质量保证体系完善，已全面达到ITER供货标准。具备了开始第三阶段批生产的条件。XBCD公司以世界领先的超导材料研发生产水平参与ITER计划并通过此次评审，标志着我国掌握了ITER关键材料的自主研发及生产技术，对我国特别是陕西省新材料领域的技术进步和快速发展，对本土新材料企业自主创新能力和核心竞争力的提升都将起到积极的促进作用。

XBCD公司“国际热核聚变试验堆用高性能低温超导线材”获得2015年“国家科学技术进步奖”技术发明奖二等奖，“国家科学技术进步奖”是由国务院设立的，其中的“国家技术发明奖”主要授予运用科学技术知识做出产品、工艺、材料及其系统等重大技术发明的中国公民和组织。2015年，由XBCD研发的“国际热核聚变实验堆用高性能低温超导线材”荣获该奖项，表明了国家对公司的产品创新能力以及在超导股线制备领域技术优势的充分肯定。

目前，XBCD已经完成全部Nb3Sn超导股线交付和95%NbTi超导股线生产工作，产品性能获得国际业界高度肯定。在执行ITER计划的过程中，XBCD学习和借鉴了ITER组织先进的管理理念，在公司质量管理、项目管理等方面逐步实现了与国际的接轨。在突破NbTi和Nb3Sn超导线材设计和加工关键技术的同时，通过内引外联，进一步拓展超导线材应用空间，拓展国内外市场，推动了我国低温超导材料科学和磁体应用技术的发展，为我国自主发展磁约束聚变堆奠定了坚实的材料基础。在成功研制ITER用超导股线的基础上，XBCD通过持续创新，在2013年成功开发高端核磁共振成像（MRI）专用NbTi超导线。先后通过国际MRI市场巨头GE和SIEMENS的验证。XBCD于2016年为GE批量供线，并将长期在CFETR、加速器、医疗等领域应用，提前布局SQUID等前沿技术领域，预计将在2020年以后迎来业绩的较大增长。XBCD成功进入国际高端MRI市场充分体现了中国创造与中国智造的结合，也是国内企业从培育、发展到参与国际竞争的良好范例。相信ITER计划将继续为培育出更多更好的国内企业积极发挥平台作用。

2.与中国科学院近代物理研究所合作

2016年7月8日至20日，西安聚能超导磁体科技有限公司（后简称为聚能磁体）承担的中国科学院大科学装置维修改造项目“HIRFL备用超导ECR离子源研制”的最核心设备——SECRALII超导磁体冷体部分在中国科学院近代物理研究所完成测试。在4.2 K液氦测试杜瓦整体励磁经过10次失超锻炼后，整体电流达到90%设计指标（65%为客户要求值，18 GHz微波工作频率的高性能ECR离子源），这标志着我国独立研制建造的第一台复合ECR离子源全超导磁体取得了关键性突破。ECR离子源即电子回旋共振离子源是采用微波加热磁约束等离子体，并利用高压加速引出强流高电荷态离子束的装置。随着重离子加速器技术的发展，越来越需求强流高电荷态的重离子束流，这需要工作在更高频率、更高磁场的ECR离子源装置作为注入器前端，高于

18 GHz微波工作频率的高性能ECR离子源装置必须采用全超导磁体提供磁约束场。ECR离子源的超导磁体是由三个超导螺线管和一个超导六极磁体装配而成，由于超导磁体结构复杂，且储能和磁场强度很高，因此建造难度和风险较大。目前世界上已投入运行的全超导ECR离子源共有五台，分别是美国劳伦斯贝克莱国家实验室（LBNL）的VRNUS，美国密歇根州立大学（MUS/NSCL）的SuSI，意大利南方国家实验室（INFN/Catania）的SERSE，日本理化研究所（RIKEN）的SC-ECRIS以及中国科学院近代物理研究所的SE-CRAL，国际上还有五台全超导ECR离子源正在建造之中，所有这些装置的超导磁体都是由美国、德国、日本的著名专业超导技术公司完成加工制造，因其工艺的复杂性，一般都要经过多次测试和反复研制，才能达到设计要求。SECRALⅡ超导磁体的核心部分超导冷体的测试成功，标志着我国依靠自主技术可以独立研制并加工复杂结构、高磁场的超导磁体，为大型离子源加速器、各类高磁场复杂超导磁体的建造积累了成功经验。

聚能磁体于2013年1月与中国科学院近代物理研究所合作，承担有关SECRALⅡ项目中超导冷体的研制工作，聚能磁体凭借一流的技术团队和先进的生产工艺，经过三个多月的攻坚克难，成功研制出超导螺线管，并在中国科学院近代物理研究所一次性励磁达到设计指标的115%，并随后开展了六极线包的加工工作，虽然六极线包加工难度高，但凭借绕线工人们丰富的经验以及认真严谨的工作态度，最终加工得到与设计结构一致的产品。通过18个月的努力工作，聚能磁体成功研制出了稳定的超导冷体，并得到90%的励磁结果，中国科学院近代物理研究所对此给予了充分肯定。

3.与中国科学院等离子物理研究所的合作

CFETR中心螺管模型线圈的关键技术研究项目于2014年立项，是科技部基于国际热核聚变实验堆（ITER）计划开展的国内专项研究。该项目的目标是发展并验证大型超导磁体技术，建立大型超导磁体实验室，建立中国自己的磁体制造标准和质量体系。

为了加快CFETER中心螺管模型线圈的关键技术研究工作，2016年1月26日，中国聚变工程实验堆（CFETR）中心螺管模型线圈（CSMC）的关键技术研究2014年度概念设计评审会在西安组织召开。会议由项目首席专家武玉研究员主持，项目责任专家西北有色金属研究院张平祥院长，项目专家组成员武松涛研究员、丁立健教授、李来风研究员、翁佩德研究员、吴维越研究员、杜世俊研究员、陈俊凌研究员，科技部ITER中心科技发展办公室主任邢超、工程总监潘传红教授，ITER极向场和纵场线圈导体采购包负责人刘生博士，项目外聘专家ITER导体部门负责人Arnaud Devred，荷兰Twente大学低温技术与超导应用负责人Arend Nijhuis教授，ITER导体部门周超博士等专家参加了本次会议评审。

等离子物理研究所和XBCD材料科技股份有限公司的16位科技人员参加了本次会议。XBCD张科博士，中国科学院等离子体物理研究所刘小刚博士、秦经刚博士、刘小川博士分别做了各自课题的概念设计和R&D进展报告。与会专家认真听取了报告，先后进行了CFETR CSMC项目概念设计评审、高性能Nb3Sn线材R&D预研评审、CFETR CSMC用Nb_3Sn超导电缆绞制工艺方案评审、不锈钢铠甲无损检测方案评审，经过质询、讨论和文件的审阅，形成了评审意见。以上四个课题依次通过了评审。参会专家认为，目前项目进展顺利，总体设计已经成熟，部分组件可以进入制造阶段。2015年，XBCD“高性能Nb_3Sn超导线材制备技术开发及应用”荣获2015年陕西省科学技术奖一等奖。

4.与美国密歇根州立大学的合作

XBCD与美国密歇根州立大学签订了对其粒子加速器的超导线材供货合同。该合同于2015年7月签订，XBCD为密歇根州立大学供应新一代放射性同位素束流装置（FRIB）用台螺线管超导磁体。这种最先进的放射性同位素束流装置将耗资约5.5亿美元，并需要约十年时间来完成设计和建造。该项目系美国能源部（DOE）委托密歇根州立大学（MSU）负责设计建造，其中新一代放射性同位素束流装置（FRIB）用于推进放射性同位素和宇宙演变的研究。该装置将帮助科学家进一步研究原子核结构以及核子之间的相互作用，检验现有关于核物质基本性质的理论，对推动核技术在材料科学、医学和核武器储备管理等领域的应用及发展至关重要。

该合同的签订，意味着聚能磁体公司在超导磁体的研发、生产及制造等方面已得到国内外客户的肯定与认可，新一代放射性同位素束流装置（FRIB）用台螺线管超导磁体为进一步开拓国内外超导磁体市场奠定了坚实的基础。

5.与俄罗斯库尔恰托夫研究所的合作

2013年，XBCD响应国家“重振丝绸之路经济”的战略部署与俄罗斯库尔恰托夫研究所合作进行航空和舰船发动机关键材料的研发和生产，XBCD公司生产的钛合金属于高端钛合金材料，是当代飞机和舰船发动机的主要结构材料之一，主要用于国产大飞机（运20、运9等军用飞机）及某型在研大推力军用发动机制造，XBCD公司是前述型号飞机、军用发动机主要材料的供应商之一；XBCD公司还为中国商飞大型干线客机C919提供了钛合金材料研发服务。截至2016年，C919已有450架订单，2015年底完成首飞，2016年开始大规模生产。

调研结果表明，在航空用特种钛合金材料扩能技改项目中，XBCD新建熔炼、快速锻造和连轧等3个生产车间，新增国际先进水平的航空用特种钛合金铸锭、棒材生产设备60余台套，该项目总投资为6.5亿元，自主研发并批量生产出多种航空和军用美国发动机用新型钛合金，打破了欧美发达国家对我国航空关键钛合金材料的技术封锁和禁运。

综上所述，XBCD与国内外高校、科研院所、供应商之间建立了丰富的分布式创新网络，这些非股权式合作为企业创新水平带来了巨幅的提升，相关合作项目和创新内容如表7–1所示。

表7–1　XBCD非股权式合作伙伴与产品创新成果表

合作单位	合作模式	创新成果
ITER组织	非股权	NbTi和Nb_3Sn超导线材，海底光缆、MRI、医疗植入物
中国科学院近代物理研究所	非股权	SECRAL Ⅱ超导磁体冷体
中国科学院等离子体物理研究所	非股权	CFETER中心螺管模型线圈、加速器
美国密歇根州立大学	非股权	FRIB用台螺线管超导磁体
俄罗斯库尔恰托夫研究所	非股权	飞机和军用发动机材料

表7–1显示了XBCD公司通过宽度搜寻建立的5家主要合作单位，其合作方式都是非股权式合作，创新成果包括了NbTi和Nb_3Sn超导线材、海底光缆、SECRAL Ⅱ超导磁体冷体、CFETER中心螺管模型线圈、加速器等，这

些成果均是企业在产品领域取得的创新与突破。由此可见，宽度搜寻战略与非股权式合作之间存在耦合关系，而这种耦合关系对企业产品创新的产生具有促进作用。

（二）XBCD公司的深度搜寻战略、股权式合作与工艺创新

XBCD创始人刘经理表示，公司在工艺创新方面精益求精，瞄准国内空白技术，在钛合金和超导体的制造工艺上不断追求创新和突破。然而这些关键、核心工艺技术往往是难以获取的，这就要涉及另外一种外部搜寻战略——深度搜寻战略。深度搜寻战略的目标是行业技术领先者，通过与先进工艺拥有者合作，能够帮助企业在核心工艺上完成进一步突破。因此，XBCD积极与北京大学应用超导中心、中航特材工业建立合作关系，北京大学应用超导中心在超导的生产工艺研发上具有雄厚的研发实力，而中航特材工业在钛合金材料的生产工艺上处于国内一流。通过与北京大学应用超导中心、中航特材工业的合作研发，XBCD公司在超导、钛合金的生产工艺上取得了重大突破，以下将对两个合作分别进行论述。

1.与北京大学应用超导中心的合作

2010年9月20日，XBCD材料科技有限公司与北京大学应用超导中心联合投资形成的一家高新科技型企业——北京西燕超导量子技术有限公司。北京西燕超导量子技术有限公司以北京大学应用超导实验室为研究平台，在XBCD材料科技有限公司与北京大学应用超导中心联合研发的基础上，致力于超导技术的开发与应用。北京大学应用超导研究中心是北京大学物理学院和北京大学介观物理国家重点实验室的下属机构，目标是研究和开发超导应用技术，着重于超导材料在信息技术和新材料技术上的应用。承担有国家高技术重点研究课题（863项目）、基础科学重点研究课题（973课题）、国防课题、横向课题等多项课题研究。

北京西燕超导量子技术有限公司成立于2010年9月20日，股东分别是XBCD和北京大学应用超导中心，公司注册资本为400万元，主要从事超导量子技术的研究、开发及储备，产品主要应用有微弱信号通信、心磁检测、探矿等。2015年，北京西燕超导量子技术有限公司实现营业收入83.67万元，实现净利润4.82万元。公司全年继续就约瑟夫森结电子电路、RF传感器及

约瑟夫森效应演示仪进行研究及推广，初步获得该项实验于野外的数据，全年申请专利技术2项，获批1项。

XBCD与北京大学应用超导研究中心的股权式合作，促进了双方在超导材料研发工艺上的巨大突破。其中，XBCD解决了困扰超导线材工程化应用多年的技术瓶颈，成功实现了同时利用“青铜法”和“内锡法”生产Nb_3Sn线材。取得了高临界电流密度Cu0.5Mn、Cu5Ni基Nb47Ti超导线材的研制技术和拉伸工艺，在提升Cu5Ni基线材Jc（5 T，4.2 K）性能的同时，磁滞损耗实现大幅度降低。在高临界电流密度以及高RRR值Wire in Channel超导线材的制作工艺上取得重大突破，完成了GE公司用WIC超导线材制备技术开发，并获得性能匹配最优的热处理技术。完成了48芯Nb_3A1前驱体长线制备技术开发，成功解决了超薄Nb/A1箔材单芯包套手工卷绕难题。完成了Nb_3A1长线RHQ热处理炉的安装、调试和实验，初步获得了Nb_3A1线材快速加热和冷却处理技术。掌握了MRI用超导线材制备技术，且达到了商用标准。

2.与中航特材工业（西安）有限公司的合作

中航特材工业（西安）有限公司（后简称为中航特工）于2010年9月26日在西安经济开发区注册成立，注册资本5000万元，于2010年11月6日在经济开发区签约挂牌。2011年公司完成两次增资后，注册资本变更为38644万元。目前，公司共有8家股东，分别是中航重机股份有限公司、宝鸡钛业股份有限公司、宝山钢铁股份有限公司、北京拓宏汇金投资管理有限公司、XBCD材料科技有限公司、抚顺特殊钢股份有限公司、攀钢集团江油长城特殊钢有限公司、中航国际物流有限公司。2014年12月7日，中航特材工业驻XBCD公司代表室在XBCD公司正式挂牌成立，这标志着中航特材工业驻承制厂代表室规模已经扩大到62家，中航国际物流有限公司在推进中航特材工业集中采购工作中取得重要进展。自2013年底被中航特材工业明确为集中采购专业平台以来，中航物流围绕钛材、油料、铝材、特钢、建筑机电等主要集采品种开展了深入细致的工作。此次与国内航空用特种钛合金材料重要供应商之一——XBCD公司携手，就是中航物流为中航特材工业打造战略供应商集群、助推中航特材工业全面实现产业升级的标志性成果之一。

XBCD与中行特工的合作领域主要集中在钛合金工艺上，钛合金强度普遍优于传统钢材等材料，且密度仅为钢材料的60%左右，同时拥有机械性能好、韧性与抗腐蚀性能强等特点，但生产工艺复杂，需要极高的加工技术水平。钛合金下游市场包括战机、大飞机、直升机、舰船、航天、生物医疗、化工冶金、电力等。从国内来看，钛合金材料具有巨大的市场空间。由于国产新一代军用机的试飞到批量列装，以及国产大飞机C919的下线对于高端钛材料需求量处于爆发前夕。参考国外经验，客机领域波音747单架钛合金用量达3.64吨，战机领域高速飞机钛合金可占全部材料93%。因此，XBCD与中航特工的合作具有一定的战略意义，能够促进XBCD在钛合金相关产品及制备工艺的提升和应用范围的拓展。

XBCD钛合金生产工艺能够做到均匀性控制、纯净化熔炼控制、组织性能均匀性控制、批次稳定性控制等，其技术处于国内领先水平，通过与中航特材工业的合作，XBCD成功进军大型飞机用材、发动机用材领域。通过双方合作研发，XBCD钛合金技术成功突破，目前已经获得大型飞机用XX合金大型铸锭及丝材制备技术，航空发动机用高品质钛合金大型铸锭成分中Cr、Fe等易偏元素均匀性控制技术，航空用高均匀钛合金大棒材水侵探伤无损检测技术，冷镦紧固件用TC16钛合金小规格棒材研制组织控制技术，XX用钛合金圆盘涂覆钛合金丝材技术等，XBCD也一跃成为高端航空钛合金龙头企业，达到了国际先进水平，成为多种新型飞机三种牌号关键钛合金材料唯一的供应商。

综上所述，XBCD通过深度搜寻与北京大学应用超导中心和中航特材工业的股权式合作，为企业创新水平带来了巨幅的提升，相关合作项目和创新内容如表7-2所示。表7-2显示了XBCD公司通过深度搜寻建立的2家主要合作单位，其合作方式都是股权式合作，相关创新成果包括了高临界电流密度Cu0.5Mn、Cu5Ni基Nb47Ti超导线材的研制技术和拉伸工艺，航空用高均匀钛合金大棒材水侵探伤无损检测技术，冷镦紧固件用TC16钛合金小规格棒材研制组织控制技术等，这些成果均是企业在制造工艺领域取得的创新与突破。由此可见，深度搜寻战略与股权式合作之间存在耦合关系，而这种耦合关系对企业工艺创新的产生具有积极的促进作用。

表7-2 XBCD非股权式合作伙伴与产品创新成果表

合作单位	合作模式	创新成果
北京大学应用超导中心	股权	利用“青铜法”和“内锡法”生产Nb_3Sn线材，高临界电流密度Cu0.5Mn、Cu5Ni基Nb47Ti超导线材的研制技术和拉伸工艺，高临界电流密度以及高RRR值Wire in Channel超导线材的制作工艺，48芯Nb_3A1前驱体长线制备技术，Nb_3A1线材快速加热和冷却处理技术，MRI用超导线材制备技术等
中航特材工业	股权	大型飞机用XX合金大型铸锭及丝材制备技术，航空发动机用高品质钛合金大型铸锭成分中Cr、Fe等易偏元素均匀性控制技术，航空用高均匀钛合金大棒材水侵探伤无损检测技术，冷镦紧固件用TC16钛合金小规格棒材研制组织控制技术，XX用钛合金圆盘涂覆钛合金丝材技术等

四、案例总结

通过XBCD的案例分析可以看出，一方面，XBCD通过宽度搜寻和非股权式合作模式与ITER组织、中国科学院近代物理研究所、中国科学院等离子体物理研究所、美国密歇根州立大学、俄罗斯库尔恰托夫研究所等高校和研究所建立了丰富的分布式创新网络，通过与这些分布式网络节点的合作，促进了企业研发能力的提升，从而在产品上取得了重大的突破与创新，这些产品创新内容主要包括：NbTi和Nb_3Sn超导线材、海底光缆、MRI、医疗植入物、SECRAL Ⅱ超导磁体冷体、CFETER中心螺管模型线圈、加速器、FRIB用台螺线管超导磁体、飞机和军用发动机材料等。由此可见，XBCD的宽度搜寻战略与非股权式合作能够帮助企业提升产品创新能力。

另一方面，XBCD通过深度搜寻和股权式合作模式与北京大学应用超导中心、中航特材建立了合作关系。通过合作研发，XBCD的工艺水平得到了突破和提升，具体工艺包括：利用“青铜法”和“内锡法”生产Nb_3Sn线材，高临界电流密度Cu0.5Mn、Cu5Ni基Nb47Ti超导线材的研制技术和拉伸工艺，高临界电流密度以及高RRR值Wire in Channel超导线材的制作工艺，48芯Nb_3A1前驱体长线制备技术，Nb_3A1线材快速加热和冷却处理技术，MRI用超导线材制备技术，大型飞机用XX合金大型铸锭及丝材制备技术，航空发动机用高品质钛合金大型铸锭成分中Cr、Fe等易偏元素均匀性控制技术，航空用高均匀钛合金大棒材水侵探伤无损检测技术，冷镦紧固件用TC16钛合金小规格棒材研制组织控制技术，XX用钛合金圆盘涂覆钛合金丝材技术等。由此可见，XBCD的深度搜寻战略与股权式合作能够帮助企业提升工艺创新能力。

综上分析，该单个案例分析能够较好地支持研究实证结果：宽度搜寻与非股权式合作的耦合关系有利于产品创新能力的提升，而深度搜寻战略与股权式合作的耦合关系有利于工艺创新能力的提升。

五、本章小结

单个案例研究能够解释研究问题，且单个案例研究能够保证案例研究的深度，并能更好地了解案例的背景，以及满足研究构念的有效性。本章将单个案例研究放在实证分析之后，通过XBCD案例研究对实证分析结果予以验证。本章首先介绍了案例研究方法与样本企业选择的标准，随后选定了XBCD作为单个案例研究的对象，对XBCD进行案例介绍，在此基础上，分析了XBCD宽度搜寻战略与非股权式合作模式下的创新成果产出，以及深度搜寻战略与股权式合作模式下的创新成果产出。案例研究结果表明：宽度搜寻与非股权式合作的耦合关系有利于产品创新能力的提升，而深度搜寻战略与股权式合作的耦合关系有利于工艺创新能力的提升。因此，本章案例研究对实证分析部分起到了很好的补充作用，加强了研究实证分析结果的真实性与可靠性，使得相关研究结论更具有说服力。

第八章

结论与展望

一、主要研究结论

从知识基础理论和交易成本理论出发，研究外部搜寻战略、组织间合作模式对企业产品创新、工艺创新的影响。引入关系嵌入强度和吸收能力作为情境变量，探讨两者对主效应的调节作用。通过实证研究方法，以283家制造业为样本，以分层回归分析和三项交互分析等为分析手段，并以单案例研究为辅助，得出的主要结论包括：

①宽度搜寻战略有利于产品创新能力的提升，深度搜寻战略有利于工艺创新能力的提升。

在企业分布式实现产品创新、工艺创新的外部搜寻过程中，宽度搜寻与深度搜寻都能够有效促进企业产品创新、工艺创新能力的提升，但是Z检验显示两者在对企业创新能力的影响上是有显著差异的。其中，宽度搜寻战略更有利于产品创新能力的提升，而深度搜寻战略更有利于工艺创新能力的提升。一个好的外部搜寻战略应该与企业自身的创新能力提升目标相匹配，才能使外部搜寻行为更加有效率。

②宽度搜寻与非股权式合作的耦合关系有利于产品创新能力的提升，深度搜寻战略与股权式合作的耦合关系有利于工艺创新能力的提升。

在制定外部搜寻战略以及确立合作关系的过程中，外部搜寻战略与合作模式之间存在一定的耦合关系，即宽度搜寻战略与非股权式合作模式相匹配能够更有效地促进企业产品创新，而深度搜寻战略与股权式合作模式相匹配能够更有效地促进企业工艺创新。因此，建立与外部搜寻战略相匹配的组织间合作模式，能够更有效地促进企业创新能力的提升。

③关系嵌入强度调节外部搜寻战略与合作模式的耦合关系对企业产品创新、工艺创新的影响。

在确立了外部搜寻战略与合作模式的耦合关系之后，合作双方之间的双边关系强度同样会影响创新结果的产生，这就涉及了关系嵌入强度。本书研究结果表明：宽度搜寻战略、非股权式合作与关系嵌入强度三者之间的交互作用负向影响企业产品创新，深度搜寻战略、股权式合作与关系嵌入强度三者之间的交互作用正向影响企业工艺创新。因此，在以产品创新能力提升为前提的宽度搜寻战略与非股权式合作模式下，企业间双边关系应该采用弱联结的方式；而在以工艺创新能力提升为前提的深度搜寻战略与非股权式合作模式下，企业间双边关系应该采用强联结的方式。

④实际吸收能力调节外部搜寻战略与合作模式的耦合关系对企业产品创新的影响。

在构建了知识转移渠道之后，吸收能力是知识源转化为创新的重要影响因素。本书研究结果表明：宽度搜寻战略、非股权式合作与实际吸收能力三者之间的交互作用正向影响企业产品创新，深度搜寻战略、股权式合作与实际吸收能力三者之间的交互作用正向影响企业产品创新。因此，在企业通过实施外部搜寻战略、建构合作关系实现产品创新能力提升的过程中，应该重点培养其对外部知识的转化和利用能力，即加强企业实际吸收能力。

二、主要创新点

与现有文献相比较，本书从以下几个方面存在主要创新点：

①引入了外部搜寻战略与合作模式作为前因变量，加强了产品创新、工艺创新前因变量的组织间视角研究。

本书引入组织跨边界实现分布式创新的两个关键变量——外部搜寻战略与合作模式，加强了产品创新、工艺创新前因变量的组织间视角相关研究。

一方面，外部搜寻与技术创新之间的关系一直存在线性与非线性的关系争论，本书将技术创新从产品创新、工艺创新两方面展开研究，发现了宽度搜寻战略、深度搜寻战略对产品创新和工艺创新的显著差异化影响，有助于从一个新的视角解释两者之间的“关系争论”。另一方面，以往外部搜寻研究重点关注搜寻对创新的直接影响，忽略了组织间联结的合作机制，本书通过组织间合作模式的引入，弥补了现有相关研究中合作机制的缺失。基于以上两方面贡献，本书加强了产品创新、工艺创新前因变量的组织间视角研究。

②揭示了外部搜寻战略与合作模式的耦合关系对产品创新、工艺创新的差异化影响，促进了知识基础理论与交易成本理论的融合。

该研究将外部搜寻战略与合作模式结合在一起，通过两个不同理论领域的变量结合，将两者整合到一个研究框架当中。通过外部搜寻战略与合作模式的耦合关系对产品、工艺创新影响的探讨，将知识基础理论与交易成本理论相结合，在充分考虑知识属性、特征的同时，又考虑了机会主义行为与道德风险带来的交易成本，在一定程度上弥补了长期以来单一理论视角研究下存在的固有缺陷。通过知识基础理论与交易成本理论的碰撞，在一定程度上促进了理论之间的融合与共同发展，有利于从一个更为全面的视角审视外部搜寻与合作模式对企业产品创新、工艺创新带来的影响。

③阐明了关系嵌入强度在不同耦合关系下的情景作用，有利于关系嵌入性理论、知识基础理论与交易成本理论的交叉发展。

区别于以往关系嵌入强度对创新的直接效应研究，本书从权变的视角出发，分情景探讨了关系嵌入强度的调节效应，通过三项交互方法，验证了关系强度负向调节宽度搜寻战略与非股权式合作的耦合对产品创新的正向关系，正向调节深度搜寻战略与股权式合作对工艺创新的正向关系。一方面，分情景研究使得本书对结论的论述更加丰富化，增强了研究结论的真实性与可信度，另一方面，通过外部搜寻战略、合作模式与关系嵌入强度三者交互关系的论证，有利于知识基础理论、交易成本理论与关系嵌入性理论之间的交叉发展。

④发现了实际吸收能力对产品创新的情景作用，有利于吸收能力理论、知识基础理论与交易成本理论的交叉发展。

以往研究普遍认可吸收能力对创新有正向促进作用，区别于以往研究，本书基于权变视角，分情境探讨了在外部搜寻战略与合作模式的耦合在不同吸收能力情景下对产品创新与工艺创新的影响，通过三项交互分析方法，验证了实际吸收能力正向调节宽度搜寻战略与非股权式合作的耦合对产品创新的正向关系，正向调节深度搜寻战略与股权式合作的耦合对产品创新的正向关系。一方面，通过权变视角的引入，探讨不同吸收能力的调节效应，增强了结论的情景化研究，另一方面，通过外部搜寻战略、合作模式与吸收能力三者交互关系的论证，有利于知识基础理论、交易成本理论与吸收能力理论之间的交叉发展。

三、研究局限性与未来研究方向

外部搜寻、组织间合作已经成为分布式创新研究不可或缺的一个重要研究部分，最近十几年以来，很多关于此领域的相关研究陆续发表在管理领域的权威期刊上。另外，分布式创新在实务界也受到了广泛的关注和实施。然而，理论界和实务界对分布式创新的认知还停留在一个不完善的阶段，许多概念和认识都存在较大的模糊性。基于理论界与实务界的呼吁，本书对分布式创新过程中遇到的问题进行了梳理，并提出了研究框架，从外部搜寻战略、合作模式、关系嵌入强度和吸收能力几个方面对产品创新、工艺创新分布式实现过程进行了研究和讨论，并得出了几点可供借鉴的结论，然而该研究仍存在一定的局限性。

首先，在横截面研究设计方法上存在局限性。本书通过大样本验证了相关假设，然而本书所采用的数据都是在2015年1月至2015年6月之间搜集到的，在调研时间维度上，受到研究精力和时间的限制，无法充分考虑变量之间关系的滞后性，企业短期的数据表现不能严格地评估变量之间的长期因果关系，因此，研究结论在真实性与可靠性上有所局限。在调研地理维度上，本次调研的对象主要集中在陕西地区，国内其他地区虽然有涉及，但是比例相对较小，因此得出的结论在可以推及全国的普适性上有所局限。在未来的研究过程中，一方面，后续研究应该加强纵向数据的跟踪调查，增加结论的可靠性和真实性，另一方面，相关研究结论仍需针对各个地方的企业特点，展开分地域调研，通过相关研究者的共同努力，增加相关结论的普适性。

其次，在变量测量的过程中，由于时间、精力等因素的限制，在调研方法上有一定的缺陷，使得一些变量的测量真实性无法得到很好的保证。例如，在测量“关系嵌入强度”的时候，需要测量双边关系之间的关系稳定性、持久性、公平性等因素，然而这些因素往往需要合作双方共同认可，本书则只是针对一方企业凭主观直觉对双方的关系嵌入强度做出判断，在调研方法上仍有待进一步改进。在未来的后续研究中，应当增强变量测量方式的真实性，提升相关研究结论的可靠性。

最后，在产品创新、工艺创新分布式实现的过程中会遇到其他一些重要的变量，由于研究精力有限而未予考虑，如结构嵌入性。结构嵌入性与关系嵌入性是嵌入性的两个重要维度，如果能够探讨结构嵌入性与关系嵌入性在分布式创新过程中的不同作用，通过对比分析与分情景研究，将使研究结论的讨论更为丰富和多样化。另外，经理人特质、企业文化氛围、制度、权利距离等因素都是影响分布式创新实现过程中的重要情景引入。在未来的研究中，应该考虑更丰富的情境变量，从而让研究结论有更高的真实性和更广泛的适用性。

致 谢

首先要感谢的是我的指导老师杨建君教授，杨建君教授是我研究生期间的领路人，让我在硕士、博士期间受益良多。2009年的10月份，身为西安交通大学管理学院CPA专业本科生的我走上了保研、硕博连读的道路，并进入杨建君老师的师门。在正式成为研究生的一员之后，接触到了杨建君教授师门的师兄师姐，以及之后的师弟师妹。在这六年里，杨建君教授在学习和生活上给了我莫大的帮助，教育我如何做人，如何做好科学研究。在师门里，整个科研团队团结协作，互帮互助，精益求精，其乐融融。在杨建君教授的带领下，本人参与了数个横向课题（如丹尼尔企业集团发展战略报告、开米股份有限公司基本法编制、陕西汇森煤业发展战略编制等）以及纵向课题的研究（如国家自然科学基金项目、教育部哲学社会科学研究重大课题攻关项目、教育部高等学校博士学科点专项科研基金项目等），本人从中收获颇丰。

其次要感谢我在西安交通大学管理学院本科、硕士和博士期间教授我理论与方法的授课老师，是他们在三尺讲台上不辞劳苦、辛勤授课，教会了我管理、经济、金融、会计、研究方法等相关知识，授课老师有李垣老师、原长弘老师、霍宝峰老师、万迪昉老师、葛京老师、郭菊娥老师、崔文田老师、胡平老师、陈军老师、Mike Peng老师，还有指导过我论文写作的舒成利老师、江旭老师。作为西安交通大学管理学院的教授、副教授，他们对学生尽心尽责，把青春和汗水贡献给了教育事业，用他们最前沿的理论，最科学的研究方法，培养了一代又一代的学子，在此向他们致敬。

接下来，要感谢我的同门师兄弟姐妹，包括毕业工作的孙丰文师兄、张钊师兄、石立江师姐、赵丽岩师姐、刘华芳师姐、马婷师姐，出国深造的耿荧师姐，同届亲如弟兄的张峰、李民祥，以及在我之后进入师门的徐国军、穆天、王婷、郭文钰、许婷、李丹、章良华、吕冲、刘瑞佳、古力和Mansoor，他们给了我大家庭的感觉，大家相互学习、互相帮助、互相支持、相互照顾，使得枯燥的科研生活变得多姿多彩，充满趣味。这段师门情谊将会一直保存延续下去，成为我人生记忆中的一段美好回忆。

最后，感谢家人，感谢父母的支持和理解，让我没有后顾之忧地学习和工作。儿行千里母担忧，出门在外照顾不到，也要说上一句抱歉。我的成就也是你们的成就，是你们盼望看到的，你们的期望最终支撑我走完了这条路。谨以此纪念我的大学时代，献给所有的亲人、老师、朋友。

参考文献

[1] SMITH K G, COLLINS C J, CLARK K D. Existing knowledge, knowledge creation capability, and the rate of new product introduction in high-technology firms[J]. Academy of Management Journal, 2005, 48(2): 346-357.

[2] GERSTLBERGER W, PRAST KNUDSEN M, STAMPE I. Sustainable development strategies for product innovation and energy efficiency [J]. Business Strategy and the Environment, 2014, 23(2): 131-144.

[3] TETHER B S. Who co-operates for innovation, and why: An empirical analysis[J]. Research Policy, 2002, 31(6):947-967.

[4] 闫俊周.企业参与分布式创新的影响因素及对策[J].科技进步与对策,2013,30(6):65-69.

[5] 陈恒,徐睿姝,郎益夫.分布式创新,组织特异性免疫与企业成长绩效研究[J].科技进步与对策,2014,31(12):98-104.

[6] 张尚毅.人群知识分布与经济增长分析[J].探索,2014,5:98-103.

[7] SCHUMPETER J A. The Theory of Economic Development [M]. Cambridge: Harvard University Press, 1912.

[8] COOPER R G. Introducing successful new industrial products [J]. European Journal of Marketing, 1976, 10(6): 301-329.

[9] MUESER R. Identifying technical innovations [J].Transactions on Engineering Management, 1985, 1(32): 158-176.

[10] FREEMAN C. Technical innovation, diffusion, and long cycles of

economic development [M]. The long-wave debate. Springer Berlin Heidelberg, 1987: 295-309.

[11] 傅家骥.技术创新学[M].北京:清华大学出版社,1998.

[12] 柳卸林.技术创新经济学[M].北京:中国经济出版,1993.

[13] COHEN W M, KLEPPER S. Firm size and the nature of innovation within industries: the case of process and product R&D [J]. The Review of Economics and Statistics, 1996, 78(2): 232-243.

[14] GOPALAKRISHNAN S, DAMANPOUR F. A review of innovation research in economics, sociology and technology management[J]. Omega, 1997, 25 (1):15-28.

[15] LANGLEY D J, PALS N, ORT J R. Adoption of behaviour: predicting success for major innovations [J]. European Journal of Innovation Management, 2005, 8(1): 56-78.

[16] ETTLIE J E, REZA E M. Organizational integration and process innovation[J]. Academy of Management Journal, 1992, 35(4): 795-827.

[17] CHESBROUGH H W. The era of open innovation [J]. Managing Innovation and Change, 2006, 127(3): 34-41.

[18] LIN P, SAGGI K. Product differentiation, process R&D, and the nature of market competition[J]. European Economic Review, 2002, 46(1): 201-211.

[19] UTTERBACK J M, ABERNATHY W J. A dynamic model of process and product innovation[J]. Omega, 1975, 3(6): 639-656.

[20] FORRESTER, J W. Growth cycles [J]. De Economist, 1977, 125 (4): 525-543.

[21] KOTABE M, JIANG C X, MURRAY J Y. Managerial ties, knowledge acquisition, realized absorptive capacity and new product market performance of emerging multinational companies: A case of China[J]. Journal of World Business, 2011, 46(2): 166-176.

[22] IMAI K, BABA Y. Systemic innovation and cross-border networks: Transcending markets and hierarchies to create anew techno-economic system [C]. Organisation for Economic Co-operation and DevelopmentTechnology and productivi-

ty: The Challenge for Economic Policy, Paris: OECD Publishing, 1991 (22) : 389–407.

[23] ROTHWELL R. Towards the fifth-generation innovation process[J]. International Marketing Review, 1994, 11(1): 7–31.

[24] KELLY C. Does distributed innovation fit with current innovation theory and policy[J]. PUBP6803-Technology, Regions, and Policy, 2006(11): 1–13.

[25] LAKHANI K R, PANETTA J A. The principles of distributed innovation [J]. Innovations, 2007, 2(3): 97–112.

[26] COOMBS R, METCALFE J S. Organizing for innovation: co-ordinating distributed innovation capabilities[J]. Competence, Governance, and Entrepreneurship: Advances in economic strategy research, 2002: 209–231.

[27] CONSOLI D, PATRUCCO P P.Distributed innovation and the governance of knowledge[R].Senate Working paper University of Tampere Research Unit for urban and regional development studies, 2007:2–4.

[28] VON HIPPEL E. Democratizing innovation: The evolving phenomenon of user innovation[J]. Journal für Betriebswirtschaft, 2005, 55(1): 63–78.

[29] YOO Y, LYYTINEN K, BOLAND R J. Distributed innovation in classes of networks[C]. Hawaii International Conference on System Sciences, Proceedings of the 41st Annual, IEEE, 2008: 58–58.

[30] MCMEEKIN A, HARVEY M, GEE S. Emergent bioinformatics and newly distributed innovation processes[J]. The Economic Dynamics of Modern Biotechnologies: European and Global Trends, 2004: 235–261.

[31] COOMBS R, HARVEY M, TETHER B S. Analysing distributed processes of provision and innovation[J]. Industrial and Corporate Change, 2003, 12(6): 1125–1155.

[32] HOWELLS J, JAMES A, MALIK K. The sourcing of technological knowledge: distributed innovation processes and dynamic change [J]. R&D Management, 2003, 33(4): 395–409.

[33] VALENTIN F, JENSEN R L. Discontinuities and distributed innovation: the case of biotechnology in food processing[J]. Industry and Innovation, 2003, 10

(3): 275-310.

[34] ACHA V, CUSMANO L. Governance and co-ordination of distributed innovation processes: patterns of R&D co-operation in the upstream petroleum industry[J]. Economics of Innovation and New Technology, 2005, 14(1-2): 1-21.

[35] ANDERSEN B, METCALFE J S, TETHER B. Distributed innovation systems and instituted economic processes[M]. Innovation Systems in the Service Economy. Springer US, 2000: 15-42.

[36] 刘国新.企业分布式创新的机理与效应[M].北京:科学出版社,2011.

[37] 金鑫.面向分布式创新的知识共享机制研究[D].杭州:浙江大学,2009.

[38] HILDRUM J. Research group in understanding in-novation, at the centre for advanced study[R]. Working Paper, 2008.

[39] O' SULLIVAN D, DOOLEY L, LI J, ZHU T. Distributed innovation management[M]. UK: Cambridge University Press , 2003: 8-9.

[40] BRUSONI S, PRENCIPE A. Unpacking the black box of modularity: technologies, products and organizations [J]. Industrial and Corporate Change, 2001, 10(1): 179-205.

[41] 许庆瑞.全面创新管理:理论与实践[M].北京: 科学出版社,2007.

[42] BOGERS M, WEST J. Managing distributed innovation: Strategic utilization of open and user innovation[J]. Creativity and Innovation Management, 2012, 21(1): 61-75.

[43] BENGIO Y, DELALLEAU O, LE ROUX N. Label propagation and quadratic criterion[J]. Semi-supervised Learning, 2006(10): 193-216.

[44] 郑金娥.合作研发的动机[J].科技创业月刊,2005(1):47-48.

[45] MOHANBIR S. Communities of creation: management distributed innovation turbulent markets[J]. California Management Review, 2000, 42(4): 24-29.

[46] STUART T E. Interorganizational alliances and the performance of firms: A study of growth and innovation rates in a high-technology industry [J]. Strategic Management Journal, 2000, 21(8): 791-811.

[47] JIMÉNEZ-ZARCO A I, PILAR MARTÍNEZ-RUIZ M, IZQUIERDO-YUSTA A. The impact of market orientation dimensions on client cooperation in the

development of new service innovations[J]. European Journal of Marketing, 2011, 45(1/2): 43-67.

[48] 黄国群,李珮磷.分布式创新的机制及核心过程研究[J].预测,2008,27(5):8-13.

[49] 陈劲,张方华.社会资本与技术创新[M].杭州:浙江大学出版社,2002.

[50] 薛孚,陈红兵.基于分布式认知的工程创新主体创新过程研究[J].东北大学学报(社会科学版),2015,17(5):449-454.

[51] 叶江峰,任浩,陶晨.分布式创新过程中企业间知识治理[J].科学学与科学技术管理,2013,34(12):47-54.

[52] MITTRA J. Life science innovation and the restructuring of the pharmaceutical industry: Merger, acquisition and strategic alliance behaviour of large firms [J]. Technology Analysis & Strategic Management, 2007, 19 (3): 279-301.

[53] RAGATZ G L, HANDFIELD R B, PETERSEN K J. Benefits associated with supplier integration into new product development under conditions of technology uncertainty[J]. Journal of Business Research, 2002, 55(5): 389-400.

[54] KOGUT B, ZANDER U. What firms do? Coordination, identity, and learning[J]. Organization Science, 1996, 7(5): 502-518.

[55] RICH K. Life 2.0 New York[M]. New York: Crown Business, 2004.

[56] LEIPONEN A, HELFAT C E. Innovation objectives, knowledge sources, and the benefits of breadth [J]. Strategic Management Journal, 2010, 31 (2): 224-236.

[57] KNUDSEN T, LEVINTHAL D A. Two faces of search: Alternative generation and alternative evaluation [J]. Organization Science, 2007, 18 (1): 39-54.

[58] KATILA R, CHEN E L, PIEZUNKA H. All the right moves: How entrepreneurial firms compete effectively [J]. Strategic Entrepreneurship Journal, 2012, 6(2): 116-132.

[59] LAURSEN K, SALTER A. Open for innovation: the role of openness in

explaining innovation performance among UK manufacturing firms [J]. Strategic management journal, 2006, 27(2): 131–150.

[60] KATILA R, AHUJIA G. Something Old, Something New: A Longitudinal Study of Search Behavior and New Product Introduction [J]. Academy of Management Journal, 2002, 46(5): 1183–1194.

[61] WU J. The effects of external knowledge search and CEO tenure on product innovation: evidence from Chinese firms [J]. Industrial and Corporate Change, 2013, 23(1): 65–89.

[62] 邬爱其,李生校.外部创新搜寻战略与新创集群企业产品创新[J].科研管理,2012,33(7):1–7.

[63] 宋晶,陈菊红,孙永磊.不同地域文化下网络搜寻对合作创新绩效的影响[J].管理科学,2014,27(3):39–49.

[64] 曹兴,郭然.知识转移影响因素研究及其展望[J].中南大学学报(社会科学版),2008,14(2):230–236.

[65] LI Q, MAGGITTI P G, SMITH K G, et al. Top managemetn attention to innovation: The role of search selection and intensity in new product introductions [J]. Academy of Management Journal, 2013, 58(3): 893–916.

[66] CHIANG Y H, HUNG K P. Exploring open search strategies and perceived innovation performance from the perspective of inter-organizational knowledge flows[J]. R&D Management, 2010, 40(3): 292–299.

[67] DAS T K, TENG B S. A resource-based theory of strategic alliances[J]. Journal of management, 2000, 26(1): 31–61.

[68] LOKSHIN B, HAGEDOORN J, LETTERIE W. The bumpy road of technology partnerships: Understanding causes and consequences of partnership malfunctioning[J]. Research Policy, 2011, 40(2): 297–308.

[69] ZHANG Y, LI H. Innovation search of new ventures in a technology cluster: the role of ties with service intermediaries [J]. Strategic Management Journal, 2010, 31(1): 88–109.

[70] LAVIE D. Alliance portfolios and firm performance: A study of value creation and appropriation in the U. S. software industry[J]. Strategic Management

Journal,2007,28(12):1187–1212.

[71] GRIMPE C,SOFKA W. Search Patterns and Absorptive Capacity: Low-and-High-Technology sectors in European Countries[J]. Research Policy,2009,38(3):495–506.

[72] ZAHRA S,GEORGE G. Absorptive capacity: A review,reconceptualization, and extension[J]. Academy of Management Review,2002,27(2):185–203.

[73] GRANT R M, BADEN-FULLER C. A knowledge-based theory of inter-firm collaboration [C]. Academy of Management Proceedings, Academy of Management,1995,1995(1): 17–21.

[74] NONAKA I. Redundant,Overlapping Organization: A Japanese Approach to[J]. California Management Review,1990,32(3): 27.

[75] SIMON H A. Rationality as process and as product of thought[J]. The American Economic Review,1978,68(2):1–16.

[76] MACHER J T,BOERNER C. Technological development at the boundaries of the firm: a knowledge-based examination in drug development [J]. Strategic Management Journal,2012,33(9): 1016–1036.

[77] WERNERFELT B. A resource-based view of the firm[J]. Strategic Management Journal,1984,5(2):171–180.

[78] BARNEY J B. Firm Resource:A Sustained Competitive Advantage [J]. Journal of Mnagement,1991,17(1):99–120

[79] NICHOLAS J, LEDWITH A, BESSANT J. Reframing the search space for radical innovation[J]. Research-Technology Management,2013,56(2): 27–35.

[80] VON STAMM B. Managing innovation, design and creativity[M]. John Wiley & Sons,2008.

[81] HENTTONEN K,RITALA P. Search far and deep: focus of open search strategy as driver of firm' s innovation performance [J]. International Journal of Innovation Management,2013,17(3): 1–20.

[82] SIDHU J S,VOLBERDA H W,COMMANDEUR H R. Exploring Exploration Orientation and its Determinants Some Empirical Evidence [J]. Journal of Management Studies,2004,41(6): 913–932.

［83］ROSENKOPF L,NERKAR A. Beyond local search：Boundary-spanning，exploration，and impact in the optical disk industry［J］. Strategic Management Journal,2001,22(4)：287-306.

［84］ROSENKOPF L,ALMEIDA P. Overcoming local search through alliances and mobility［J］. Management science,2003,49(6)：751-766.

［85］邬爱其,方仙成.国外创新搜寻模式研究述评［J］.科学学与科学技术管理,2012,33(4):67-74.

［86］肖丁丁.跨界搜寻对组织双元能力影响的实证研究［D］.广州:华南理工大学,2013.

［87］PHENE A，FLADMOE-LINDQUIST K，MARSH L. Breakthrough innovations in the US biotechnology industry：The effects of technological space and geographic origin［J］. Strategic Management Journal,2006,27(4):369-38.

［88］HEYDEN M L M，SIDHU J S，VAN DEN BOSCH F A J. Top Management Team Search and New Knowledge Creation：How Top Management Team Experience Diversity and Shared Vision Influence Innovation［J］. International Studies of Management & Organization,2012,42(4)：27-51.

［89］张峰,刘侠.外部知识搜寻对创新绩效的作用机理研究［J］.管理科学,2014,27(1):31-42.

［90］缪根红,陈万明,唐朝永.外部创新搜寻、知识整合与创新绩效关系研究［J］.科技进步与对策,2014,31(1):130-135.

［91］OCASIO,W. Attention to attention［J］. Organization Science,2011,22(5)：1286-1296.

［92］熊伟,奉小斌,陈丽琼.国外跨界搜寻研究回顾与展望［J］.外国经济与管理,2011,33(6):18-26.

［93］ENKEL E，GASSMANN O. Creative imitation：exploring the case of cross-industry innovation［J］. R&D Management,2010,40(3)：256-270.

［94］ARIKAN A T. Interfirm knowledge exchanges and the knowledge creation capability of clusters［J］. Academy of Management Review,2009,34(4)：658-676.

［95］NEYER A K，BULLINGER A C，MOESLEIN K M. Integrating inside and outside innovators：a sociotechnical systems perspective［J］. R&d

Management,2009,39(4): 410-419.

[96] 曹兴,宋娟.技术联盟网络企业知识转移行为的仿真分析[J].研究与发展管理,2010,22(5):23-30.

[97] 许春,刘奕.企业间研发合作组织模式选择的知识因素[J].研究与发展管理,2005,17(5):58-63.

[98] VAN DE VRANDE V,VANHAVERBEKE W,DUYSTERS G. External technology sourcing: The effect of uncertainty on governance mode choice [J]. Journal of Business Venturing,2009,24(1): 62-80.

[99] COWAN R,JONARD N. Knowledge portfolios and the organization of innovation networks[J]. Academy of Management Review,2009,34(2): 320-342.

[100] REAGANS R,MCEVILY B. Network structure and knowledge transfer: The effects of cohesion and range[J]. Administrative Science Quarterly,2003,48(2): 240-267.

[101] POLANYI M. Personal knowledge: Towards a post-critical philosophy [M]. Chicago: University of Chicago Press,2012.

[102] CAINARCA G C,COLOMBO M G,MARIOTTI S. Agreements between firms and the technological life cycle model: Evidence from information technologies[J]. Research Policy,1992,21(1): 45-62.

[103] 贾军,张卓.技术多元化,互补资产与企业绩效[J].研究与发展管理,2012,24(6):64-72.

[104] NARULA R,HAGEDOORN J. Innovating through strategic alliances: moving towards international partnerships and contractual agreements [J]. Technovation,1999,19(5): 283-294.

[105] 边伟军.企业战略联盟绩效研究 [D].青岛:中国海洋大学,2004.

[106] 郭焱.战略联盟形式选择与风险控制[D].天津:天津大学,2004.

[107] 唐璐.企业技术联盟风险评价研究[D].大连:大连理工大学,2007.

[108] 孙月华.基于治理视角的产业技术创新战略联盟运行研究[D].南京:南京财经大学,2011.

[109] MICHELINO F,CAMMARANO A,LAMBERTI E,et al. Nowledge Domains, Technological Strategies and Open Innovation [J]. Journal of technology

management & innovation, 2015, 10(2): 50-78.

[110] 罗芳.战略联盟基于技术差异的技术合作效应实证研究[D].重庆:重庆大学,2010.

[111] 赵晓飞.我国农产品营销渠道联盟问题研究[D].武汉:华中农业大学,2011.

[112] 马荣康.国际化视角的企业创新网络嵌入机制及效应[D].大连:大连理工大学,2014.

[113] DAMANPOUR F. Innovation effectiveness, adoption and organizational performance[J]. Innovation and creativity at work: Psychological and organizational strategies, 1990:125-141.

[114] SCHUMPETER J A, OPIE R. The Theory of Economic Development [M]. Cambridge: Harvard University Press, 1934: 66.

[115] NOORI H. The decoupling of product and process life cycles [J]. International Journal of Product Research, 1991, 29(9):1853-1865.

[116] MILLER D, DRÖGE C, TOULOUSE J M. Strategic process and content as mediators between organizational context and structure[J]. Academy of Management Journal, 1988, 32(3):544-569.

[117] PORTER M E. Competitive advantage[M]. New York: Free Press, 1985.

[118] SHAW R W. Product proliferation in characteristics space: the UK fertiliser industry[J]. The Journal of Industrial Economics, 1982, 31(1/2):69-91.

[119] 杨慧军,杨建君.交易型领导,竞争强度,技术创新选择与企业绩效的关系研究[J].管理科学,2015,28(4):1-10.

[120] ROUVINEN P. Characteristics of product and process innovators: some evidence from the Finnish innovation survey[J]. Applied Economics Letters, 2002, 9(9):575-580.

[121] COHEN W M, LEVINTHAL D A. Innovation and learning: the two faces of R & D[J]. The Economic Journal, 1989, 99(397): 569-596.

[122] NESTA L, SAVIOTTI P P. Coherence of the knowledge base and the firm's innovative performance: Eidence from the us pharmaceutical industry [J]. The Journal of Industrial Economics, 2005, 53(1):123-142.

[123] BERCHICCI L, TUCCI C L, ZAZZARA C. The influence of industry downturns on the propensity of product versus process innovation [J]. Industrial and Corporate Change, 2013, 23(2): 429–465.

[124] GOLOVKO E, VALENTINI G. Selective learning-by-exporting: Firm size and product versus process innovation [J]. Global Strategy Journal, 2014, 4 (3): 161–180.

[125] CHANDRAN GOVINDARAJU V G R, KRISHNAN VIJAYARAGHAVAN G, PANDIYAN V. Product and process innovation in Malaysian manufacturing: The role of government, organizational innovation and exports [J]. Innovation, 2013, 15(1): 52–68.

[126] CHENG Y. Firm size, R&D, product and process innovation [D]. Buffalo: State University of New York at Buffalo, 2009: L32–33.

[127] CABAGNOLS A, LE BAS C. Differences in the determinants of product and process innovations: the French case [J]. Innovation and firm performance. Palgrave: London, 2002: 112–149.

[128] AR I M, BAKI B. Antecedents and performance impacts of product versus process innovation: Empirical evidence from SMEs located in Turkish science and technology parks [J]. European Journal of Innovation Management, 2011, 14(2): 172–206.

[129] LI Y, LIU Y, REN F. Product innovation and process innovation in SOEs: evidence from the Chinese transition [J]. The Journal of Technology Transfer, 2007, 32(1–2): 63–85.

[130] ATHEY S, SCHMUTZLER A. Product and process flexibility in an innovative environment [J]. The Rand journal of economics, 1995, 26(4): 557–574.

[131] FRITSCH M, MESCHEDE M. Product innovation, process innovation, and size [J]. Review of Industrial Organization, 2001, 19(3): 335–350.

[132] HWANG Y S, HWANG M H, DONG X. The Relationships Among Firm Size, Innovation Type, and Export Performance With Regard to Time Spans [J]. Emerging Markets Finance and Trade, 2015, 51(5): 947–962.

[133] BERGFORS M E, LARSSON A. Product and process innovation in pro-

cess industry: a new perspective on development[J]. Journal of Strategy and Management, 2009, 2(3): 261-276.

[134] 毕克新,孙德花,李柏洲.基于系统动力学的制造业企业产品创新与工艺创新互动关系仿真研究[J].科学学与科学技术管理,2008,29(12):75-80.

[135] 毕克新,孙德花.基于复合系统协调度模型的制造业企业产品创新与工艺创新协同发展实证研究[J].中国软科学,2010(9):156-162.

[136] PRAJOGO D I. The strategic fit between innovation strategies and business environment in delivering business performance[J]. International Journal of Production Economics, 2016(171): 241-249.

[137] HONG Y P, KIM Y J, CIN B C. Product-Service System and Firm Performance: The Mediating Role of Product and Process Technological Innovation [J]. Emerging Markets Finance and Trade, 2015, 51(5): 975-984.

[138] 黄先海,胡馨月,刘毅群.产品创新、工艺创新与我国企业出口倾向研究[J].经济学家,2015(4):37-47.

[139] SZYMANSKI D M, KROFF M W, TROY L C. Innovativeness and new product success: insights from the cumulative evidence [J]. Journal of the Academy of Marketing Science, 2007, 35(1): 35-52.

[140] GATIGNON H, XUEREB J M. Strategic orientation of the firm and new product performance[J]. Journal of marketing research, 1997, 34(1): 77-90.

[141] DANNEELS E, KLEINSCHMIDTB E J. Product innovativeness from the firm's perspective: Its dimensions and their relation with project selection and performance [J]. Journal of Product Innovation Management, 2001, 18 (6): 357-373.

[142] MEYER M H, ROBERTS E B. New product strategy in small technology-based firms: A pilot study [J]. Management Science, 1986, 32 (7): 806-821.

[143] YAP C M, SOUDER W E. Factors influencing new product success and failure in small entrepreneurial high-technology electronics firms [J]. Journal of Product Innovation Management, 1994, 11(5): 418-432.

[144] 姚山季,王永贵,贾鹤.产品创新与企业绩效关系之 Meta 分析[J].科研管理,2009(4):57-64.

[145] 吴晓波.二次创新的进化过程[J].科研管理,1995,16(2):27-35.

[146] BAUM J A C, CALABRESE T, SILVERMAN B S. Don't go it alone: Alliance network composition and startups' performance in Canadian biotechnology [J]. Strategic Management Journal, 2000, 21(3): 267-294.

[147] VASUDEVA G, ANAND J. Unpacking absorptive capacity: A study of knowledge utilization from alliance portfolios[J]. Academy of Management Journal, 2011, 54(3): 611-623.

[148] GRANOVETTER M S. The strength of weak tie[J]. American Journal of Sociology, 1973, (78): 1360-1380.

[149] DYER J, NOBEOKA K. Creating and managing a high performance knowledge-sharing network: The Toyota case [J]. Strategic Management Journal, 2000, 21(3): 345-367.

[150] 许冠南.关系嵌入性对技术创新绩效的影响研究[D].杭州:浙江大学,2008.

[151] UZZI B. Social structure and competition in interfirm networks: The paradox of embeddedness [J]. Administrative science quarterly, 1997 42 (1) : 35-67.

[152] KOZAN M K, AKDENIZ L. Role of Strong versus Weak Networks in Small Business Growth in an Emerging Economy [J]. Administrative Sciences, 2014, 4(1): 35-50.

[153] 樊钱涛.关系嵌入性对于合作创新的影响机制——一个整合的研究模型[J].浙江科技学院学报,2015,27(1):55-61.

[154] 简兆权,柳奕.关系嵌入性、网络能力与服务创新绩效关系的实证研究[J].软科学,2015,29(5):1-5.

[155] GRANOVETTER M. Economic action and social structure: the problem of embeddedness[J]. American Journal of Sociology, 1985, 91(3): 481-510.

[156] RUEF M. Strong ties, weak ties and islands: structural and cultural predictors of organizational innovation[J]. Industrial and Corporate Change, 2002,

11(3): 427-449.

[157] PERRY-SMITH J E. Social yet creative: The role of social relationships in facilitating individual creativity [J]. Academy of Management Journal,2006,49(1): 85-101.

[158] ZHOU J,SHIN S J,BRASS D J,et al. Social networks,personal values, and creativity: evidence for curvilinear and interaction effects [J]. Journal of Applied Psychology,2009,94(6): 1544.

[159] 耿新,赵莉.关系嵌入性对战略柔性的影响——以探索性学习为中介变量[C].第八届(2013)中国管理学年会——组织与战略分会场论文集,2013.

[160] ROWLEY T,BEHRENS D,KRACKHARDT D. Redundant governance structures: An analysis of structural and relational embeddedness in the steel and semiconductor industries [J]. Strategic Management Journal, 2000, 21 (3) : 369-386.

[161] LEVIN D Z,CROSS R. The strength of weak ties you can trust: The mediating role of trust in effective knowledge transfer[J]. Management Science, 2004,50(11): 1477-1490.

[162] NEWEY L R, ZAHRA S A. The evolving firm: How dynamic and operating capabilities interact to enable entrepreneurship [J]. British Journal of Management,2009,20(1):81-100.

[163] DUYSTERS G, LOKSHIN B. Determinants of alliance portfolio complexity and Its effect on innovative performance of companies [J]. Journal of Product Innovation Management,2011,28(4): 570-585.

[164] CASSIMAN B, VEUGELERS R. In search of complementarity in innovation strategy: Internal R&D and external knowledge acquisition [J]. Management Science,2006,52(1): 68-82.

[165] SZULANSKI G. Exploring internal stickiness: Impediments to the transfer of best practice within the firm[J]. Strategic Management Journal,1996,17(2): 27-43.

[166] CEGARRA-NAVARRO J G,GARCIA-PEREZ A,Moreno-Cegarra J L.

Technology knowledge and governance: Empowering citizen engagement and participation[J]. Government Information Quarterly,2014,31(4): 660-668.

[167] LANE P J, KOKA B R, PATHAK S. The reification of absorptive capacity: A critical review and rejuvenation of the construct [J]. Academy of Management Review,2006,31(4): 833-863.

[168] EGBETOKUN A,SAVIN I. Absorptive capacity and innovation: When is it better to cooperate?[J]. Joumal of Evolutionary Economics, 2014, 24(2): 399-420.

[169] MURSITAMA T N. Searching for potential and realized absorptive capacity of the firm: The case of Japanese joint ventures in indonesia [J]. IUP Journal of Knowledge Management,2011,9(4): 53.

[170] SCHILDT H,KEIL T,MAULA M. The temporal effects of relative and firm-level absorptive capacity on interorganizational learning [J]. Strategic Management Journal,2012,33(10): 1154-1173.

[171] JANSEN J J P,VAN DEN BOSCH F A J,VOLBERDA H W. Managing potential and realized absorptive capacity: How do organizational antecedents matter?[J]. Academy of Management Journal,2005,48(6): 999-1015.

[172] 马国勇,田国双,石春生.高新技术企业吸收能力影响因素研究——基于 PLS-SEM 算法的实证研究[J].预测,2014,33(4):28-34.

[173] 解学梅,左蕾蕾.企业协同创新网络特征与创新绩效:基于知识吸收能力的中介效应研究[J].南开管理评论,2013,16(3):47-56.

[174] XIA T. Absorptive capacity and openness of small biopharmaceutical firms-a European Union-United States comparison[J]. R&D Management,2013,43(4): 333-351.

[175] 邢蕊,王国红,唐丽艳.创业导向对在孵企业技术吸收能力的影响研究[J].科学学与科学技术管理,2013,34(11):82-93.

[176] JANSEN J J P,VAN DEN BOSCH F A J, VOLBERDA H W. Exploratory innovation, exploitative innovation, and performance: Effects of organizational antecedents and environmental moderators [J]. Management Science, 2006, 52(11): 1661-1674.

[177] NAJAFI TAVANI S, SHARIFI H, SOLEIMANOF S, et al. An empirical study of firm's absorptive capacity dimensions, supplier involvement and new product development performance [J]. International Journal of Production Research, 2013, 51(11): 3385-3403.

[178] GONG Y, ZHOU J, CHANG S. Core knowledge employee creativity and firm performance: The moderating role of riskiness orientation, firm size, and realized absorptive capacity[J]. Personnel Psychology, 2013, 66(2): 443-482.

[179] AHLIN B, DRNOVSEK M, HISRICH R D. Exploring the moderating effects of absorptive capacity on the relationship between social networks and innovation[J]. Journal for East European Management Studies, 2014, 19(2): 213.

[180] RITALA P, HURMELINNA-LAUKKANEN P. Incremental and radical innovation in coopetition—The role of absorptive capacity and appropriability [J]. Journal of Product Innovation Management, 2013, 30(1): 154-169.

[181] SU Z, AHLSTROM D, LI J. Knowledge creation capability, absorptive capacity, and product innovativeness [J]. R&D Management, 2013, 43 (5) : 473-485.

[182] TSAI K H. Collaborative Networks and Product Innovation Performance: Toward a Contingency Perspective [J]. Research Policy, 2009, 38 (5) : 765-778.

[183] FOSFURI A, TRIBÓ J A. Exploring the antecedents of potential absorptive capacity and its impact on innovation performance[J]. Omega, 2008, 36 (2): 173-187.

[184] JAYANTH J, ADEGOKE O, DANIEL P. The andtecedents and consequences of product and process innovation strategy implementation in Australian manufacturing firms [J]. International Journal of Production Research, 2014, 52(15):4424-4439.

[185] LAMBERTINI L, MANTOVANI A. Process and product innovation: Adifferential game aporoach to product life cycle [J]. International Journal of Economic, 2010, 6(2):227-252.

[186] SCHOONHOVEN V B, EISENHARDT K M, LYMAN K. Speeding

products to market: Waiting time to first product introduction in new firms [J]. Administrative Science Quarterly, 1990, 35(1): 177-207.

[187] BANBURY C M, MITCHELL W. The effect of introducing important incremental innovations on market share and business survival [J]. Strategic Management Journal, 1995, 16(1): 161-182.

[188] SAVIOTTI P P, METCALFE J S. A theoretical approach to the construction of technological output indicators [J]. Research Policy, 1984, 13(3): 141-151.

[189] BRUDERER E, SINGH J V. Organizational evolution, learning, and selection: A genetic-algorithm-based model [J]. Academy of Management Journal, 1996, 39(5): 1322-1349.

[190] SORENSON O, FLEMING L. Science as a map in technological search [J]. Strategic Management Journal, 2004, 25(8): 909-928.

[191] 刘力钢,孟伟.组织冗余,跨界搜寻与突破式创新关系研究[J].商业经济研究,2015(22):92-93.

[192] BECKER J, KUGELER M, ROSEMANN M. Process Management [M]. Springer Science & Business Media, 2013.

[193] LAGER T. A structural analysis of process development in process industry: A new classification system for strategic project selection and portfolio balancing [J]. R&D Management, 2002, 32(1): 87-95.

[194] JAIKUMAR R, BOHN R E. A dynamic approach to operations management: An alternative to static optimization [J]. International Journal of Production Economics, 1992, 27(3): 265-282.

[195] DITTRICH K, DUYSTERS G. Networking as a means to strategy change: The case of open innovation in mobile telephony [J]. Journal of Product Innovation Management, 2007, 24(6): 510-521.

[196] MILLER J. Early development still driving CRO performance [J]. Pharmaceutical Technology, 2004, 28(9): 100-101.

[197] LO STORTO C. A method based on patent analysis for the investigation of technological innovation strategies: The European medical prostheses industry

[J]. Technovation,2006,26(8): 932-942.

[198] AUBERT B, LÉGER P M, LAROCQUE D. Differentiating weak ties and strong ties among external sources of influences for enterprise resource planning (ERP) adoption[J]. Enterprise Information Systems,2012,6(2): 215-235.

[199] BERGENHOLTZ C. Knowledge brokering: spanning technological and network boundaries [J]. European Journal of Innovation Management, 2011, 14 (1): 74-92.

[200] LOW S, ROSSUM D V, KRAAIJENBRINK J. Strong ties as sources of new knowledge: How small firms innovate through bridging capabilities [J]. Journal of Small Business Management,2012,50(2):239-256.

[201] ROTHAERMEL F T, ALEXANDRE M T. Ambidexterity in technology sourcing: The moderating role of absorptive capacity [J]. Organization Science, 2009,20(4):759-780.

[202] HUANG F, RICE J. The role of absorptive capacity in facilitating "open innovation" outcomes: A study of australlan SMEs in the manufacturing sector[J]. International Journal of Innovation Management,2009,13(2):201-220.

[203] VOLBERDA H W, FOSS N J, LYLES M A. Absorbing the concept of absorptive capacity: How to realize its potential in organization field [J]. Organization Science,2010,21(4): 931-951.

[204] LEAL-RODRÍGUEZ A, ROLDAN J L, ARIZA-MONTES J A, et al. From potential absorbtive capability to innovation outcomes in project teams: The conditional mediating role of the realized absorptive capacity in a relational learning context [J]. International Journal of Project Management, 2014, 32 (6): 894-907.

[205] 吴明隆.SPSS统计应用实务[M].北京:科学出版社,2003.

[206] ARMSTRONG J S, OVERTON T S. Estimating nonresponse bias in mail surveys[J]. Journal of Marketing Research,1977,14(3): 396-402.

[207] LAMBERT D M, HARRINGTON T C. Measuring nonresponse bias in customer service mail surveys [J]. Journal of Business Logistics, 1990, 11 (2): 5-25.

[208] ROBERTS P W. Product innovation, product-market competition and persistent profitability in the US pharmaceutical industry[J]. Strategic Management Journal, 1999, 20(7): 655–670.

[209] DANNEELS E. Organizational antecedents of second-order competences[J]. Strategic Management Journal, 2008, 29(5): 519–543.

[210] YLI-RENKO H, AUTIO E, SAPIENZA H J. Social capital, knowledge acquisition, and knowledge exploitation in young technology-based firms [J]. Strategic Management Journal, 2001, 22(6–7): 587–613.

[211] 武志伟,陈莹.企业间关系质量的测度与绩效分析——基于近关系理论的研究[J].预测,2007,26(2):6–12.

[212] STANKO M A, BONNER J M, CALANTONE R J. Building commitment in buyer-seller relationships: A tie strength perspective [J]. Industrial Marketing Management, 2007, 36(8): 1094–1103.

[213] JOHNSON J L, SOHI R S, GREWAL R. The role of relational knowledge stores in interfirm partnering[J]. Journal of Marketing, 2004, 68(3): 21–36.

[214] LUO Y. Procedural fairness and interfirm cooperation in strategic alliances[J]. Strategic Management Journal, 2008, 29(1): 27–46.

[215] DAMANPOUR F. An integration of research findings of effects of firm size and market competition on product and process innovations[J]. British Journal of Management, 2010, 21(4): 996–1010.

[216] HUERGO E, JAUMANDREU J. How does probability of innovation change with firm age?[J]. Small Business Economics, 2004, 22(3–4): 193–207.

[217] CUILI Q, QING C, RIKI T. Top management team functional diversity and organizational innovation in China: The moderating effects of environment[J]. Strategic Management Journal, 2013, 34(1): 110–120.

[218] 李庆满,杨皎平,金彦龙.集群内部竞争、技术创新力与集群企业技术创新绩效[J].管理学报,2013,10(5):746–753.

[219] AYYAGARI M, DEMIRGUC-KUNT A, MAKSIMOVIC V. Firm innovation in emerging markets: The role of finance, governance, and competition [J]. Journal of Financial and Quantitative Analysis, 2011, 46(6): 1545–1580.

[220] GERBING D W, ANDERSON J C. An updated paradigm for scale development incorporating unidimensionality and its assessment [J]. Journal of Marketing Research, 1988, 25(2): 186-192.

[221] 陈晓萍,徐淑英,樊景立.组织与管理研究的实证方法[M].第二版.北京:北京大学出版社,2012.

[222] AIKEN L S, AND WEST S G. Multiple Regression: Testing and Interpreting Interations[M]. Newbury Park: Sage, 1991.

[223] NUNNALLY J C. Psychometric Theory [M]. 2rd ed. New York: McGraw-hill, 1978

[224] 李怀祖.管理研究方法论[M].西安:西安交通大学出版社,2000.

[225] CAMPBELL D T, FISKE D W. Convergent and discriminant validation by the multitrait-multimethod matrix [J]. Psychological Bulletin, 1959, 56 (2): 81-105.

[226] FORNELL C, LARCKER D F. Evaluating structural equation models with unobservable variables and measurement error [J]. Journal of Marketing Research, 1981, 18(1): 39-50.

[227] PATERNOSTER R, BRAME R, MAZEROLLE P. Using the correct statistical test for the equality of regression coefficients[J]. Criminology, 1998, 36 (4), 859-866.

[228] DAWSON J F, RICHTER A W. Probing three-way interactions in moderated multiple regression: Development and application of a slope difference test[J]. Journal of Applied Psychology, 2006, 91(4): 917-926.

[229] KOONTZ H. The management theory jungle revisited[J]. Academy of Management Review, 1980, 5(2): 175-188.

[230] GROSS N, GIACQUINTA J B, BERNSTEIN M. Implementing organisational innovations[J]. New York: Basic Book, 1971.

[231] YIN R. Case study research: Design and methods[M]. Sage publications, 1994.

[232] 李平,曹仰峰.案例研究方法:理论与范例[M].北京:北京大学出版社,2012.